RÉPONSE

DE MONSEIGNEUR

L'ÉVÊQUE DE POITIERS

A SON EXCELLENCE

M. BILLAULT

Ministre-Commissaire du Gouvernement

DANS LA DISCUSSION DE L'ADRESSE

PARIS
ÉTIENNE GIRAUD, LIBRAIRE-ÉDITEUR
20, RUE SAINT-SULPICE

1862

RÉPONSE

DE MONSEIGNEUR

L'ÉVÊQUE DE POITIERS

A SON EXCELLENCE

M. BILLAULT

Ministre-Commissaire du Gouvernement

DANS LA DISCUSSION DE L'ADRESSE

Poitiers, 4 avril 1862.

Monsieur le Ministre,

I. J'ai eu deux fois occasion dans le passé, lorsque vous remplissiez les fonctions de Ministre de l'Intérieur, d'en appeler de Votre Excellence mal renseignée à Votre Excellence mieux informée. J'aime à me souvenir des dispositions pleines d'équité avec lesquelles vous avez apprécié la justesse de mes représentations et donné satisfaction à des droits légitimes. C'est le sort ordinaire des hommes placés à la tête des affaires d'être facilement surpris dans leur bonne foi; trop de raisons tirées des mauvais côtés du cœur humain expliquent les démarches regrettables auxquelles ils peuvent être conduits par les renseignements de leurs subalternes. De tels entraînements sont le malheur de leur condition plutôt que le tort de leur volonté. En pareil cas, l'honneur du pouvoir consiste à ne pas s'entêter dans de fausses accusations, à reconnaître franchement sa méprise, à la réparer même dans la mesure où le soin de sa propre dignité et l'importance de la chose le comportent.

L'incident à propos duquel je crois devoir aujourd'hui vous adresser ma réclamation accompagnée d'éclaircissements très-précis et très-détaillés, n'aurait aucune valeur à mes yeux, si je ne le considérais qu'à mon point de vue particulier. L'outrage qui m'a été fait ne me touche pas, parce qu'il repose sur une relation notoirement fausse. Mon propre témoignage et le défi publiquement porté par moi à mes accusateurs, les pièces de conviction qui sont entre mes mains, la protestation énergique de tous les membres de mon clergé, et la déclaration des laïques de toute condition, des fonctionnaires comme des autres auditeurs du discours incriminé, démentent surabondamment les rapports occultes d'après lesquels l'auteur de la dépêche du 6 juillet dernier a réglé trop précipitamment son opinion et sa conduite. S'il ne s'agissait donc que de moi, je me sens très-suffisamment couvert, et je m'abstiendrais de toute explication ultérieure. Mais le gouvernement de l'Empereur, en ravivant cette pitoyable querelle après plus de six mois écoulés, et en donnant à une note si peu intéressante en elle-même les honneurs de l'insertion au *Livre jaune* parmi les documents politiques qui touchent aux questions les plus considérables du moment, a paru révéler l'importance qu'il attachait à cette affaire et le parti qu'il en voulait tirer. L'inculpation contenue dans cette pièce ne s'arrête pas d'ailleurs à ma seule personne : elle atteint explicitement toute une fraction de l'épiscopat, accusée de manquer de modération et de bon sens, et de ne pas s'inspirer assez des exemples que lui offrent la douleur résignée du Pontife romain, et l'attitude tranquille et réservée du reste du corps pastoral.

Vous penserez comme moi, monsieur le Ministre, que le moindre honneur qu'un Français puisse faire au gouvernement de son pays, c'est de lui supposer l'amour de la vérité. Rien ne me semblerait plus méprisant envers le pouvoir que de le laisser triompher dans l'injustice : succès fatal, triomphe pernicieux que l'expiation ne tarde pas à suivre. Voilà pourquoi il m'a paru utile et nécessaire de rétablir, en ce qui me concerne, l'exact récit des choses. Ma conscience me dit que ce sera vous donner une marque de mon estime et faire acte de bon citoyen.

Plusieurs des particularités auxquelles je vais être forcé de descendre pourront paraître minutieuses. Rien n'est petit de ce qui intéresse l'honneur de l'Église et de ses ministres ; rien n'est indifférent de ce qui se relie à la grande cause dont la solution est pendante à cette heure. Ici encore je manquerais de respect envers le pouvoir si je traitais trop légèrement des choses auxquelles il a trouvé assez de portée pour en faire l'objet de ses communications aux grands corps de l'État. J'ai d'ailleurs cette confiance que, si Dieu me fait la grâce de rendre convenablement tout ce qu'ont fait naître dans mon âme les discours de Votre Excellence auxquels j'entreprends de répondre, l'ensemble de cette lettre finira par être tout autre chose qu'une mesquine réclamation pour un fait personnel. J'aborde l'exposé de l'affaire.

II. Le dimanche 30 juin de l'an dernier, je célébrais pontificalement dans ma cathédrale la fête de saint Pierre, titulaire de cette Église. Après le chant de l'évangile, je montai en chaire selon mon habitude et conformément aux devoirs de ma charge. Et, comme le concile de Trente, en prohibant l'emploi de la langue vulgaire dans la sainte liturgie, a enjoint aux pasteurs de traduire et de commenter fréquemment, durant la célébration des messes, quelques-uns des textes qui y sont lus [1], j'ai coutume d'interpréter successivement, d'année en année, l'évangile et les autres parties de l'office de chaque solennité. Les commentaires que notre incomparable docteur saint Hilaire nous a laissés sur saint Matthieu et sur les psaumes sont une mine riche et variée à laquelle je vais puiser de préférence. Les fidèles de ma ville épiscopale ont ainsi la consolation d'entendre, après quinze siècles écoulés, les mêmes enseignements qui furent adressés à leurs pères; et il leur est doux, comme à moi, d'y retrouver encore tant de côtés pratiques et un si merveilleux à-propos.

Dans la circonstance actuelle, le choix de mon sujet fut déterminé quelques instants seulement avant la cérémonie sacrée. Occupé pendant plus de deux mois par ma visite pastorale, je n'avais pu retrouver quelque loisir qu'au commencement de juin. J'en avais profité pour rédiger des observations à Son Excellence le Ministre des Cultes concernant les doctrines contenues dans le rapport présenté au conseil d'État par l'honorable M. Suin, à propos de mon Mandement du 22 février précédent. Les derniers jours du mois avaient été employés à surveiller la transcription de ce travail assez prolixe, et à préparer simultanément les matières de mes allocutions au clergé durant la retraite ecclésiastique qui allait s'ouvrir le 2 juillet. Il arriva donc que, le matin de la solennité, ayant ouvert le Missel, je m'arrêtai sur-le-champ à la pensée d'ex-

1. Mandat synodus pastoribus, ut frequenter, inter missarum celebrationem, ex iis quæ in missâ leguntur, aliquid exponant (Sess. XXII, c. VIII).

pliquer l'épître du jour, c'est-à-dire le chapitre douzième des Actes des Apôtres[1]. Outre que l'enseignement général qui en découle était de nature à ranimer la foi et la confiance des chrétiens parmi les difficultés et les alarmes des temps présents, le dirai-je? une autre considération fut décisive sur l'heure. Puisque Son Eminence le cardinal de Besançon a fait au Sénat la confidence de ce détail intime, je ne puis le taire. Il me vint en effet subitement à l'esprit que, quelques années auparavant, recevant l'hospitalité de mon vénérable métropolitain au retour des fêtes de la béatification de la bienheureuse Germaine de Pibrac, j'avais été prié par lui de prendre la parole dans l'église paroissiale de Saint-Pierre de Bordeaux, qui célébrait ce jour-là sa fête patronale. Recourant au carton de mes notes manuscrites de 1854, je mis la main sur l'instruction que j'avais tracée à la hâte dans le palais archiépiscopal, avec le secours de la Bible et du commentaire classique de Corneille-la-Pierre. Il est sans doute humiliant pour notre faiblesse d'avoir à revenir ainsi quelquefois sur des compositions précédentes; mais, dans une vie pleine de travaux et de sollicitudes comme la nôtre, il n'est aucun de nous qui ne soit dans le cas de se faire son propre plagiaire, lorsqu'il expose aux fidèles une page du texte sacré qu'il lui est arrivé de développer déjà devant un autre auditoire. Vous avouerai-je même, monsieur le Ministre, que ce cas m'est devenu plus familier dans ces derniers temps? Ayant le cœur oppressé de mille sentiments pénibles, et comprenant le danger de toucher de trop près aux choses contemporaines, je me réfugie parfois à dessein vers des productions antérieures aux préoccupations actuelles. La Providence permit qu'il en fût ainsi le 30 juin. A part la péroraison, qui concerna la quête qu'on allait faire pour le Denier de Saint-Pierre, mon homélie fut la reproduction à peu près littérale du récit des Actes des Apôtres, tel que l'avait exposé mon allocution de Bordeaux.

Du reste, à peine étais-je monté en chaire qu'il m'avait été facile de constater combien j'avais eu raison de me précautionner contre tout entraînement de parole. C'était la première fois que j'officiais dans ma cathédrale depuis la déclaration d'abus prononcée contre moi. Un luxe

1. La dépêche du 6 juillet appelle cela une *évocation*. Il faut s'entendre. Pour ceux qui n'ont pas l'habitude d'aller à la Messe, l'épître et l'évangile des dimanches et fêtes peuvent être des textes ignorés et ensevelis, dont la mise en lumière ressemble à une exhumation. Pour les habitués des offices de la paroisse, rien n'est plus connu et plus familier.

de police avait été déployé depuis ce temps autour de ma résidence. Il avait transpiré que je préparais une protestation contre la sentence qui m'avait frappé. Quelques hommes toujours aux aguets se flattaient que je me donnerais le tort de porter mes récriminations dans la chaire, et ils auguraient que, cette fois, j'allais enfin devenir justiciable d'une juridiction qu'on avait regretté de voir remplacée par celle du conseil d'État. Dans cette espérance, le ban et l'arrière-ban des surveillants attitrés de ma personne et de mon ministère avaient été convoqués pour épier mon discours. Je n'en fus point offusqué. L'Évangile nous raconte des choses semblables[1], et le Maître en a prédit à ses disciples la continuation[2]. Le commissaire central siégeait au milieu de l'auditoire; quelques-uns de ses affidés étaient répartis dans les nefs de l'église. M. le Procureur impérial, suivi d'un assesseur singulièrement choisi, ne tarda pas à s'introduire par une porte de service pratiquée au chevet de la basilique. (Il est vrai que ces deux honorables personnages semblèrent embarrassés de leur arrivée tardive qui attirait sur eux tous les regards, et qu'arrivés après le commencement du discours, ils se retirèrent avant la fin.) Ce n'est pas tout. Un fonctionnaire plus élevé ne fit point difficulté d'intervenir en personne. Il n'est pas indifférent de connaître les circonstances de son procédé. Le diacre Pallade et les historiens Socrate et Sozomène nous ont transmis sur les scènes intérieures de la principale basilique de Constantinople, au temps de saint Jean Chrysostôme, et sur la surveillance qu'y exerçaient les serviteurs et officiers du palais impérial, voisin de cette basilique, des récits circonstanciés qui sont sans rapprochement possible avec le cas présent, mais qui m'autorisent à croire que le sérieux de l'histoire ne répudie pas les détails descriptifs dans lesquels je vais entrer.

Les préfets de la Vienne, depuis la révolution, sont installés dans l'ancienne maison épiscopale. Les évêques de Poitiers, tant qu'ils y demeurèrent, n'eurent jamais d'accès direct ni d'ouverture quelconque sur l'église cathédrale attenante au palais. A la suite des événements de 1830, un préfet témoigna le désir d'établir une tribune en accolant un petit édifice à l'une des fenêtres de l'église. Sous le rapport archéologique aussi bien que canonique, ce projet soulevait de graves objections,

1. Et quærebant scribæ mittere in illum manus illâ horâ..... et observantes miserunt insidiantes ut caperent eum in sermone, ut traderent illum principatui et potestati præsidis. Luc, xx, 19-20. — 2. Luc, xxi, 12.

et il semblait difficile d'accorder à un magistrat laïque ce que le chef du diocèse n'avait jamais réclamé de son Chapitre. Mais les temps étaient mauvais; le magistrat plaidait la cause d'une vénérable mère privée de la consolation d'assister aux offices par son grand âge et ses infirmités : l'autorité ecclésiastique, avec cet esprit de bienveillance qui lui est ordinaire, se prêta à cette concession. Toutefois il fut stipulé que cette grâce bénévole ne pourrait jamais être invoquée comme un droit; une pièce écrite et signée constata l'engagement de supprimer ladite tribune à la première requisition de la fabrique de la cathédrale. Et, de fait, divers inconvénients provenant de l'inobservation des clauses convenues, ont amené la fabrique à réclamer la cessation de cette servitude; presque à chaque mutation de préfets, elle a renouvelé ses délibérations à cet égard et m'a mis en demeure d'intervenir pour en procurer l'exécution[1]. La

1. Voici l'une de ces pièces :

Poitiers, le 4 avril 1853.

« Monseigneur, les membres du conseil de fabrique de la cathédrale n'ont jamais cessé « d'être préoccupés des inconvénients graves qu'entraîne l'existence de la tribune de la pré- « fecture. Ils pensent qu'il est de leur devoir et que le moment est venu d'en réclamer la « suppression..... Avant d'aller plus loin, nous vous prions d'être bien convaincu, Monsei- « gneur, qu'il ne nous est pas venu même la pensée du moindre blâme au sujet des motifs « qui ont pu, dans des temps difficiles, déterminer à faire cette concession conditionnelle et « temporaire. Mais aujourd'hui que les temps sont autres, sinon meilleurs, nous croyons « qu'il est du devoir de la fabrique de profiter de circonstances favorables pour obtenir que « la maison de Dieu soit affranchie d'une servitude dont les inconvénients très-graves ne « sont compensés par aucun bien. Le moment nous a semblé d'autant plus opportun, qu'un « nouveau préfet vient d'être donné au département, qu'il n'est pas encore arrivé parmi « nous, et qu'il est bien évident que rien qui lui soit personnel n'aura pu motiver notre « demande ni servir de base à nos critiques. Ces réserves faites, tout le monde conviendra « avec nous qu'il est convenable, qu'il est nécessaire, qu'il est urgent même de détruire « le plus tôt possible le petit appartement construit à la préfecture, aux flancs mêmes de la « cathédrale, et y communiquant par une ouverture. Cette construction déshonore ce beau « monument, fait obstacle à l'introduction de la lumière, et détériore les vitraux, puisqu'elle « est établie dans la verrière de la cinquième travée du bas côté sud, et qu'elle masque « entièrement les deux tiers de cette verrière. De plus, elle ôte toute espèce de sécurité pour « la sûreté intérieure, puisqu'il serait facile de s'introduire par là dans l'église. Mais le motif « qui nous touche le plus, c'est le peu de convenance qu'il y a à souffrir ainsi dans le lieu « saint une sorte de loge où l'on puisse venir pour jouir du coup d'œil comme on le ferait « dans un théâtre. Sans aucun doute les maîtres de la maison posséderont assez l'esprit des « convenances pour ne donner prise sur ce point à aucune critique; mais ils ne peuvent empê- « cher que les enfants et les femmes de service ne deviennent en leur absence un objet de « scandale. Cela n'est arrivé que trop souvent; aussi le sentiment public se prononce-t-il « très-haut et dans le même sens que nous. Les raisons sur lesquelles nous basons notre « demande vous paraîtront certainement, Monseigneur, très-péremptoires : et cependant on « pourrait n'en formuler aucune, car il existe aux archives une pièce dans laquelle le préfet « de la Vienne reconnaît que la concession n'est que *temporaire et révocable à volonté*. L'on « y avait mis pour condition que la clef de l'oratoire resterait toujours entre les mains de

courtoisie et le légitime désir de maintenir les relations cordiales avec le premier administrateur du département m'ont toujours fait reculer devant cette mission désobligeante. Le moment serait plus mal choisi que jamais pour la remplir. Je puis donner ici à M. le préfet Levert l'assurance que ce que je viens de dire n'a pas pour objet de le troubler dans la jouissance de cette faveur.

Or, c'est précisément cette tribune qui avait été changée depuis quelque temps en un poste d'exploration. En particulier, le 30 juin, au moment où je venais de m'asseoir dans la chaire qui est en face de la tribune, les prêtres qui me faisaient cortége virent comme moi la porte de l'édicule s'entr'ouvrir. Deux personnages y pénétrèrent à petit bruit et demeurèrent tapis derrière les amples vêtements d'une dame pieusement assise sur le devant de la tribune. Le sermon fini, les mêmes personnages se retirèrent aussitôt, de sorte qu'ils n'ont même pas pris la peine de masquer leur rôle disgracieux sous l'apparence de l'accomplissement du devoir religieux de l'audition de la sainte Messe.

L'assistance tant laïque qu'ecclésiastique avait été témoin de tout ce manége. Au sortir de l'église, chacun se demandait donc naturellement quel parti le mauvais vouloir de mes adversaires pourrait tirer de l'homélie pastorale. Évidemment elle ne pouvait leur offrir aucune prise, puisqu'elle n'avait consisté que dans la simple lecture et dans l'exposition sobre et concise du texte sacré. Au fait, plus d'un mois s'écoula sans qu'on entendît parler de rien. Je présidai la retraite ecclésiastique durant toute une semaine; je me rendis ensuite aux eaux thermales de Néris.

III. Cependant l'écho de toutes les rumeurs parisiennes plus ou moins aventurées, l'*Indépendance belge*, raconta tout à coup qu'une plainte avait été portée au Vatican par le premier secrétaire d'ambassade, de la part du gouvernement français, contre l'Evêque de Poitiers, qui avait qua-

« quelque membre de la famille du préfet, et non dans les mains des domestiques, et pourtant l'on ne voit guère dans cette tribune que des enfants et des gens de service. . . .

« Dira-t-on que la suppression de cette communication intérieure de la préfecture avec « l'église imposera tout au moins une gêne, une privation aux habitants de la préfecture? « Nous répondrions que nos Évêques, quand ils habitaient les bâtiments affectés aujourd'hui « à la résidence de l'administrateur du département, n'ont jamais demandé pour eux-mêmes « ce droit de vue, cette facilité de prières.....

« Nous vous supplions donc, Monseigneur, de vouloir bien prendre notre demande en « considération, et de procurer, par les moyens qui vous paraîtront convenables, la prompte « réalisation d'une mesure que le sentiment public réclame depuis longtemps.

« Nous sommes avec un profond respect, » etc.

(*Suivent les signatures.*)

lifié l'Empereur du nom d'Hérode III, et que le Saint-Père avait été prié de modérer ce prélat sous peine de le voir bientôt livré aux tribunaux. A supposer que cette nouvelle fût vraie, il m'était désormais impossible de fournir au Saint-Siége mes éclaircissements en temps utile. Je restai donc en paix ; aucun renseignement, aucune explication ne me furent demandés du côté de Rome [1].

Vers le même temps, une enquête judiciaire fut commencée dans la ville épiscopale. En mon absence, deux membres du Chapitre cathédral et un certain nombre de laïques furent mandés devant le juge d'instruction du tribunal civil et appelés à déposer concernant l'homélie épiscopale du 30 juin. De ce côté encore, aucune question, aucune communication ne m'ont été faites, ni par écrit, ni de vive voix, avant ni après mon retour. Tout ce que je puis donc dire de cette enquête, c'est que les dépositions à charge ou à décharge sont demeurées lettre close pour l'accusé. Voici seulement ce qui résulte d'affirmations très-positives. Les témoins les plus intelligents et les plus irrécusables auraient attesté que ni la personne de l'Empereur, ni son gouvernement n'avaient figuré d'aucune façon dans l'exposition que l'Evêque avait faite de l'épître du jour. Les deux chanoines se sont récriés, comme ils le devaient, contre le rôle humiliant et indécent auquel on les soumettait. Plusieurs fonctionnaires, que leurs charges rendent dépendants du pouvoir, se sont exprimés avec autant de courage que de franchise. Enfin, un grand nombre de personnes de toute condition sont venues s'offrir aux prêtres de mon entourage, pour se faire citer comme témoins si l'affaire était poussée plus loin.

Les choses en étaient là à la mi-août, et elles n'avaient pas eu d'autre suite, du moins par rapport à moi. La guerre dirigée contre ma personne avait employé d'autres batteries, suscité d'autres incidents et pris de nouveaux prétextes dont j'aurai lieu de parler, parce que Votre Excellence les a rappelés.

Ce ne fut donc pas un médiocre étonnement pour nous, monsieur le Ministre, aussitôt après la séance impériale d'ouverture des Chambres, à la fin de janvier dernier, de voir apparaître les documents officiels de cette mince affaire parmi les pièces diplomatiques rangées sous la rubrique :

1. Plus tard, l'un de mes secrétaires ayant fait le voyage de Paris et s'étant assuré à la nonciature que le récit de l'*Indépendance belge* n'était pas dénué de fondement, je m'empressai d'en écrire au Saint-Père, qui me fit aussitôt l'honneur de me répondre.

Affaires d'Italie. La dépêche du 6 juillet signée *Thouvenel*, la réponse du marquis de Cadore du 13 du même mois, furent pour nous une véritable révélation. La date du premier de ces documents ne permettait plus d'en douter. Il était donc bien vrai que le personnage principal de la tribune et ses divers affidés, après s'être mêlés à l'auditoire dans la pensée préconçue de saisir l'Evêque en cas de flagrant délit politique, avaient remporté de l'église les impressions qu'ils y avaient d'avance apportées ! Il était donc vrai que, sur leur rapport expédié à la hâte, le gouvernement, sans autre information ni enquête préalable, avait chargé aussitôt son ambassadeur à Rome d'une mission aussi grave qu'est celle d'une plainte officielle contre un Evêque !

Franchement, monsieur le Ministre, il serait difficile de comprendre une telle précipitation, si les termes mêmes de la dépêche n'accusaient une rédaction *ab irato* qui exclut le sang-froid de la réflexion.

Mais ce qui a pris à nos yeux les proportions de l'incroyable et de l'impossible, c'est le corps même du délit imputé par la dépêche : « N'avons-« nous pas le droit, y est-il dit, de nous étonner de voir ce prélat, évo-« quant les souvenirs de la persécution du prince des Apôtres sous le « troisième Hérode, *aller chercher jusque dans le secours matériel que* « *nous prêtons au Saint-Père, un texte d'accusation contre sa Majesté?* « Mais nous en appelons au Pape lui-même : est-ce que *le vénérable* « *successeur de saint Pierre se croit captif à l'ombre de notre drapeau,* « et pense-t-il qu'*en montant la garde aux portes du Vatican ce soit* « *sa liberté qu'oppriment les soldats de Napoléon III?* »

Assurément, monsieur le Ministre, on eût donné en cent et en mille à tous mes auditeurs sensés et à moi de conjecturer quel était le thème de la plainte portée au Pape, que nous n'en eussions jamais deviné l'énigme. L'homélie de la Saint-Pierre n'a pas fourni l'ombre d'un prétexte, pas l'apparence d'une insinuation qui puisse expliquer le genre d'accusation dirigée contre elle. Aussi, à la première lecture de la dépêche, ce fut ici un cri unanime d'étonnement et d'indignation. Ces sentiments se traduisirent immédiatement par une protestation des vicaires généraux, des chanoines titulaires et honoraires, des curés et vicaires de la cathédrale, et des autres prêtres présents à la messe du 30 juin[1]. Deux d'entre eux, qui ont reçu depuis cette époque une autre

1. « Poitiers, le 6 février 1862. — Monseigneur, toute la presse de France et de l'étran-« ger vient de reproduire une dépêche adressée, le 6 juillet dernier, par Son Excellence le

destination, se joignirent spontanément à cette démonstration et manifestèrent les mêmes impressions. Les fidèles n'étaient pas affectés d'une autre façon. Pour ma part, dès le 4 février, au retour d'une excursion diocésaine, je jugeai de mon devoir d'écrire à M. Thouvenel une lettre qui a été rendue publique et dont plusieurs de mes collègues dans l'épiscopat ont daigné me féliciter. M. le Ministre des Affaires étrangères n'a pas jugé convenable d'y répondre ni même de m'en accuser réception. Vraisemblablement il entrait dans ses vues de charger Votre Excellence de ce soin.

Votre discours, monsieur le Ministre, a enchéri encore sur les termes

« Ministre des Affaires étrangères, au chargé d'affaires de France à Rome, et déposée, au « commencement de la session, sur les bureaux du Sénat et du Corps législatif. Dans cette « pièce, M. Thouvenel accuse quelques-uns des prélats placés à la tête du clergé français de « manquer de bon sens et de modération, de céder à des entraînements coupables, et il en « signale un exemple puisé dans l'homélie que Votre Grandeur a prononcée dans sa cathé- « drale, le jour de la solennité de Saint-Pierre : « N'avons-nous pas, dit-il..... (*Le « reste de la citation comme ci-dessus.*) Son Excellence termine ensuite en disant qu'il est « du devoir du gouvernement d'aviser au moyen de mettre un terme à des attaques aussi « injustes, à des excitations aussi passionnées, dans le double intérêt de sa dignité et de la « paix publique dont il est responsable.

« Notre indignation, Monseigneur, a été plus grande encore que notre étonnement, lors- « que nous avons lu ce document. Nous plaignons le Ministre qui a eu le malheur d'être ainsi « renseigné. Auditeurs attentifs de votre homélie du 30 juin, nous savons, en effet, que non- « seulement Votre Grandeur n'a pas tenu le langage qu'on lui prête, mais encore qu'elle n'a « dit un seul mot qui puisse expliquer une semblable délation.

« Eh! quel est celui de vos prêtres, même parmi ceux qui n'ont pas été assez heureux « pour vous entendre, qui pourrait ajouter foi à cette accusation? Ne savons-nous pas tous « que vos discours et vos actes, tant publics que particuliers, sont un démenti formel à cette « allégation? N'est-ce pas la crainte de voir la France abandonner son rôle protecteur qui « vous a arraché les accents qui vous ont attiré de la presse irréligieuse tant d'injures? Le « trait lui-même qui vous a été le plus reproché, n'était-il pas un cri suprême qui n'avait « d'autre but que d'épargner à notre patrie la douleur de voir cesser la présence de notre « armée à Rome? Le langage qu'on met dans votre bouche, Monseigneur, serait injurieux « pour la France et pour l'armée ; il serait injurieux aussi pour le souverain Pontife, qui « subirait une si humiliante condition : c'en est assez pour qu'on soit sûr que vous n'avez « pas pu le tenir et que vous ne le tiendrez jamais.

« Pour nous, Monseigneur, qui savons avec quel courage, avec quelle vigueur, mais en « même temps avec quel respect des droits de tous, vous n'avez cessé de combattre pour « l'Église de Jésus-Christ et pour son Vicaire, nous avons souvent souffert avec vous en « silence. Admirant la tranquillité et la sérénité dont vous jouissez au milieu de tant d'at- « taques, nous nous sommes efforcés d'imiter votre calme et votre patience ; mais aujourd'hui, « en présence du retentissement et de l'immense publicité donnés à une incrimination si « gratuite, nous ne pouvons plus nous taire et nous croyons de notre devoir d'y opposer « cette protestation. Des injustices de cette nature, Monseigneur, ne feront que resserrer les « liens déjà si forts qui nous unissent à votre personne et à votre enseignement. Veuillez en « agréer l'assurance, ainsi que du profond dévouement et de la respectueuse admiration avec « lesquels, » etc.

(*Suivent les signatures.*)

de la dépêche; vous en avez reproduit les griefs sur un ton plus vif et plus accentué. Nonobstant la réplique ferme et solide de Son Eminence le cardinal archevêque de Besançon, il peut vous paraître à vous-même et à quelques autres que l'avantage vous est demeuré.

Vous êtes assez riche de succès oratoires, Monsieur, pour ne pas faire cas de ceux qui pourraient être obtenus au prix de la vérité involontairement méconnue et sacrifiée. La cause officielle dont vous avez l'insigne privilége d'être constitué l'avocat, et que vous défendez avec un talent et une habileté incontestables, n'est point une de ces causes vulgaires pour lesquelles tout argument et tout expédient quelconque peuvent être de mise. Vous ne vous offenserez donc pas que je me permette d'examiner vos accusations et vos preuves. Il me sera facile de vous démontrer que je n'ai pas tenu le langage que vous m'attribuez, puis de faire justice des singulières inductions dont vous vous êtes appuyé.

IV. D'abord il est concédé que pas un seul des mots de la dépêche que j'ai soulignés, et qui contiennent une accusation qu'on pourrait croire textuelle, n'a été prononcé par moi. Ceci est considérable, et assurément il n'eût pas été superflu que la dépêche prît la peine de le dire; car aucun des lecteurs de cette pièce n'a pu douter que l'on ne m'attribuât littéralement ces propos injurieux.

Mais si les paroles ne sont pas de moi, Votre Excellence maintient qu'elles expriment ma pensée, attendu que tout ce que le chapitre douzième des Actes des Apôtres dit d'Hérode persécuteur et de saint Pierre prisonnier, doit s'entendre de l'Empereur actuel des Français et du pape Pie IX, conséquemment à la façon dont j'ai donné le signalement de cet Hérode. Et ici Votre Excellence me fait proférer une fois le nom d'Hérode Ier, et me fait répéter jusqu'à trois reprises le nom d'Hérode III.

A cela la réponse est courte et nette : je n'ai articulé ni le mot *Hérode Ier*, ni le mot *Hérode III*. La dépêche du 6 juillet est restée elle-même dans les termes du vrai sur ce point, parce que les imaginations ne s'étaient pas encore donné libre carrière dans le champ des versions et des inventions. Ce que j'ai dit, Monseigneur le cardinal de Besançon, auquel je n'ai pas fait difficulté d'exhiber les notes que j'avais sous les yeux en parlant, l'a reproduit mot à mot devant le Sénat, et je le transcris de nouveau au bas de cette page [1]. L'éminent orateur a ajouté avec une

1. « *Misit rex Herodes manus ut affligeret quosdam de Ecclesiâ*..... Ce roi Hérode, « M. F., n'était pas le vieil Hérode, Hérode l'Ascalonite, celui qui avait si cruellement ensan-

parfaite vérité : « Voilà tout ce que l'Evêque a dit dans son discours. Il « n'a pas prononcé une seule fois le nom d'Hérode III. Et, pour tout le « reste de l'accusation qui se trouve dans la dépêche diplomatique et « qui vient d'être répété par l'honorable M. Billault, il n'y a pas une « seule expression dans laquelle on pût voir aucune espèce de relation « avec une autre persécution dont on aurait, pour ainsi dire, montré « l'image grossière dans le lointain, pour ensuite retomber d'une ma- « nière plus forte sur le présent ; rien, absolument rien que l'expli- « cation du texte. » Cette affirmation est d'une rigoureuse exactitude.

Votre Excellence, après avoir rendu mon langage à sa manière, ou plutôt d'après la parodie qui a été mise en circulation, a fait l'observation suivante : « Oh ! si dans cette chaire où se racontait cette page de « l'histoire de l'Eglise, l'orateur se fût trouvé être un de ces prélats mo- « dérés, calmes, bienveillants, cherchant plutôt à éteindre qu'à exciter « les passions...., personne n'aurait été porté à entrevoir de coupables « allusions. »

Je ne suis pas de l'avis de Votre Excellence. Tout prélat et tout orateur quelconque qui aurait parlé de la façon que l'*Indépendance Belge*, puis les journaux irréligieux et les journaux facétieux de notre pays ont imaginée, et que Votre Excellence a reproduite, tout prélat qui aurait dit : « Remarquez, mes frères, il ne s'agit pas d'Hérode Ier, il ne s'agit pas « d'Hérode II, il s'agit d'Hérode III ; entendez-vous ? Hérode III » ; tout orateur qui aurait abaissé la dignité de la chaire et la gravité de son ministère à cette impardonnable bouffonnerie, à ces basses puérilités, ou à quoi que ce soit d'approchant et d'analogue, aurait été justement et nécessairement accusé de l'intention et de l'allusion qu'on m'a fait gratuitement l'insulte de m'attribuer.

Ainsi, monsieur le Ministre, c'est sur le frêle fondement d'un mot qui n'a pas été dit qu'on a construit tout l'échafaudage de la dénonciation et

« glanté le berceau de Jésus. Ce n'était pas Hérode Antipas, celui qui avait décollé saint « Jean-Baptiste et insulté Jésus-Christ en le traitant comme un roi de théâtre. C'était un « troisième Hérode, fils d'Aristobule et père d'un quatrième Hérode, qui figure au cha- « pitre XXVe du même livre des Actes. »

Le texte latin qui suit est écrit dans la marge en regard du français :

Herodes non Ascalonita qui infantes in ortu Christi occidit, nec Antipas qui Joannem Baptistam decollavit et Christum illusit ; sed Agrippa filius Aristobuli, filii Ascalonitæ.

NOTA. Quatuor fuerunt Herodes, primus Ascalonita ; secundus Antipas, filius Ascalonitæ ; tertius hic Agrippa, Antipæ ex fratre nepos ; quartus Agrippa Junior, de quo capite XXV. Cornel. a Lapid.

de la dépêche diplomatique; et c'est sur cette base ruineuse que repose l'argumentation de votre discours.

Votre Excellence poursuit: « Savez-vous, Messieurs les Sénateurs, « comment le pays, les auditeurs, la ville entière ont compris l'apologue, « car cela n'a paru qu'un apologue? On en a compris immédiatement « l'allusion à la situation actuelle : les sentiments permanents de l'ora- « teur étaient connus.

« On me dira que ce pasteur ordinairement si intelligent et d'une « parole si habile, n'a pas ce jour-là senti la portée de sa parole, l'exci- « tation qui l'entourait, et à laquelle lui-même avait contribué; il n'a « rien voulu voir autour de lui, il s'est exclusivement absorbé dans « l'histoire du passé! Mais les auditeurs, sous le ciel et le passé qui « l'absorbaient, ont vu la terre et le temps présent. »

Permettez-moi de vous le dire, monsieur le Ministre, il n'est personne de ceux qui composaient mon auditoire qui ne sourie de cette exhibition vraiment fantastique que votre puissance oratoire a créée. Ce que vous appelez *le pays*, *la ville entière*, c'était la modeste assistance accoutumée de la messe paroissiale. Si la situation topographique et les mœurs religieuses de notre cité vous sont inconnues, je vous dirai que l'église cathédrale a l'inconvénient de n'être pas centrale, qu'elle est bâtie au versant extrême de la ville; que, par suite, c'est un assez petit nombre d'hommes d'élite et de familles pieuses qui ont l'habitude de quitter leurs paroisses respectives pour assister aux messes pontificales, et que ce nombre se restreint beaucoup plus encore dans la saison d'été, qui retient tous les principaux propriétaires à la campagne. Dans ces données, *la ville entière*, *le pays*, *la vive excitation produite autour de l'orateur* par le feu brûlant de sa parole : tout cela, monsieur le Ministre, n'est ni plus ni moins qu'un contre-sens. « L'orateur n'a rien voulu voir « autour de lui. » Pardon, j'ai vu autour de moi ce qui y était, une assistance pieuse, recueillie, sympathique, mais en même temps fort calme : c'est le côté saillant du tempérament poitevin. De plus, j'ai aperçu en face de moi (car j'étais aussi fort calme) des visages qui excitaient assez spécialement mon attention : je dois dire qu'ils ont assez bien dissimulé sur l'heure la vivacité des impressions qui se sont révélées ailleurs.

Vous dites : « Les sentiments permanents de l'orateur étaient connus, « et ils donnaient le sens de l'apologue. » Cette proposition est vraie, monsieur le Ministre, mais dans un sens opposé à celui que vous avez en vue. Mon clergé et tous ceux qui vivent dans ma familière société savent combien mon âme d'Evêque et de Français est jalouse de voir la France demeurer fidèle à son rôle séculaire et providentiel de gardienne et de protectrice des droits du Pontife romain ; tous les fidèles du diocèse ont gravés dans leur mémoire les nombreux passages de mes publications pastorales où j'ai revendiqué pour la France et son gouvernement l'honneur de cette tutelle sacrée ; personne n'ignore qu'à mes yeux, le plus grand malheur et le plus grand tort de notre pays, ce serait l'abandon d'une protection commandée dorénavant par des motifs plus impérieux que jamais. Dans ces conditions, la supposition d'un outrage adressé par moi à l'Empereur, à l'armée, à la France, à propos de la présence de notre drapeau dans les murs de Rome, est une supposition qui n'est venue, qui ne pouvait venir à l'esprit de personne. C'est ce que la protestation émise par mon clergé, sous l'impression première de la dépêche de M. Thouvenel, a exprimé avec un accent de conviction dont vous serez frappé.

Votre Excellence, en me faisant l'honneur de m'attribuer une dose quelconque d'intelligence et de savoir-dire, s'étonne que je n'aie pas senti la portée et pénétré le sens de ce qu'elle appelle un *apologue*. Cet apologue, je l'avoue à ma grande honte, je ne le comprends pas encore. Je crois avoir prouvé plus d'une fois que je savais avoir le courage de mes actes et de mes paroles. Je n'ai point décliné, dans une autre circonstance, la responsabilité d'une assimilation qui me paraissait résulter du programme présenté par une brochure célèbre, si ce programme, ce qu'à Dieu ne plaise, venait à recevoir son exécution. Rien de semblable n'existe dans le cas actuel. Je pourrais entrer à ce sujet dans une discussion qui serait péremptoire ; mais comme il est blessant d'aborder certaines analogies, même pour les réfuter et les écarter, je préfère garder le silence.

Que la haute surveillance administrative et judiciaire se fût concertée pour écrire à M. le Ministre : « L'Évêque a pris son sujet d'in-« struction dans l'office du jour de manière à faire comprendre « que, dès l'origine, tous les efforts de l'impiété se sont conjurés « contre l'Église et contre son chef, mais que Dieu est venu miracu-« leusement en aide à l'Église et à Pierre, et qu'il a fait sentir à « leurs adversaires la puissance de son bras ; » alors le compte rendu serait resté dans le vrai. C'est là, je n'en disconviens pas, le sens obvie et la pensée générale de mon homélie; c'est sa conclusion et sa moralité utile dont il appartient à chacun de faire son profit. A l'heure où tant de passions sont soulevées contre le successeur de Pierre, où tant d'actes, tant de discours, tant d'écrits violents viennent assaillir sa personne, son autorité temporelle et spirituelle; et j'ajouterai, à l'heure où l'un de ses plus redoutables adversaires venait d'être couché dans la tombe et cité au tribunal de Dieu pour y rendre compte de ses œuvres, non, je ne me défends point d'avoir jugé opportunes la lecture et l'exposition du chapitre douzième des Actes des Apôtres. Mais je renvoie aux serviteurs passionnés ou inintelligents du pouvoir la honte des offensantes assimilations qu'ils ont inventées entre la personne d'Hérode et celle du chef du gouvernement français. Il est heureux que mon obscurité personnelle mette mes adversaires à l'abri de toute célébrité historique. Autrement ils risqueraient d'être associés, dans nos annales religieuses, à ces agents de l'empire de Byzance, qui accusaient Chrysostôme d'avoir prononcé le nom de Jézabel à l'adresse de l'impératrice Eudoxie [1], et qui faisaient circuler une homélie apocryphe à laquelle ils avaient donné pour texte : *Ecce iterum furit Herodias :* « Voici Hérodiade une seconde fois en fureur [2] : » misérables inventions d'une basse servilité, dont la politique eut le tort de s'émouvoir, et qui aboutirent à un édit impérial d'Arcadius, et à une lettre circulaire de son maître des offices Anthémius, portant interdit aux officiers du palais et de la milice de se mêler aux conventicules scandaleux, c'est-à-dire aux assemblées religieuses que présidait le pontife, sous peine de perdre charges et biens [3].

V. Je suis déjà en droit de conclure de tout ce qui précède, monsieur le Ministre, que vous avez été condamné à défendre une mauvaise cause, et que, soit par l'envoi primitif de la dépêche à Rome, soit par la publicité ultérieurement donnée à cette dépêche, le gouvernement de l'Empereur a engagé une campagne qu'il ne peut que regretter.

J'entends bien dire que quelques hommes aux yeux de qui la morale politique est une chimère s'applaudissent quand même de cet incident.

1. Falsa referebant de concionibus ipsius, ità ut dicerent quod ipse Eudoxiam Jezabelem appellasset..... Ita nempè solemne sycophantis est optima quæque gesta, suo more repræsentata, vitio vertere iis quorum perniciem moliuntur. (Vita S. Joan. Chrysost. post ejus Opp., Edit. Gaume, tom. XIII, pag. 167.)

2. Ibid, pag. 179, Opp., tom. 8, *inter Spuria*, pag. 1.

3. Baron. Annal. Eccl. ad annum 404, VII-VIII; — *Saint Jean Chrysostôme, ses œuvres et son siècle*, par M. E. Martin, 1860, tom. III, pag. 127.

Malgré des dénégations embarrassantes, il n'en aura pas moins produit son effet, comme tant d'autres mensonges auxquels il suffit de donner quelques jours de vogue pour en tirer le fruit qu'on se propose. C'est ainsi que nous voyons quotidiennement les partis coalisés contre le pouvoir pontifical mettre leur esprit inventif au service des besoins et des projets du moment, faire du scandale à propos d'une aventure imaginaire, organiser une campagne autour d'une anecdote controuvée ou d'une calomnie grossière. Dans le cas présent, bien que la manœuvre ait avorté, néanmoins il y aura eu émoi, inquiétude, appréciations diverses durant quelques jours. On aura pu faire craindre, même à ceux du camp ami, que l'Evêque de Poitiers, entraîné par son ardeur pour les intérêts de la Papauté, n'ait manqué de mesure et de discernement pratique, qu'il n'ait pas respecté la limite et le point d'arrêt marqué par la prudence. Il restera, en outre, comme un précédent considérable et comme un fait acquis, que les tribunaux séculiers ont désormais le contrôle de la parole pastorale, que les magistratures civiles exercent le haut domaine sur l'enseignement religieux, et qu'il appartient à un simple tribunal de première instance d'interroger les prêtres sur la doctrine de leur Évêque. Je ne me dissimule pas, monsieur le Ministre, ce que ces avantages peuvent avoir de réel; mais vous serez d'acord avec moi pour plaindre ceux qui s'en arrogeraient le bénéfice. Se reposer à l'ombre du mensonge, c'est dormir sous de mauvais lauriers. Les prophètes ont magnifiquement exprimé cet oracle :

« N'allez pas, disent-ils, établir votre confiance sur des paroles men-
« teuses.

« Vous avez dit peut-être en vous-mêmes : Les revers ne nous attein-
« dront pas : car nous avons mis notre espérance dans le mensonge, et
« le mensonge nous a toujours protégés.

« C'est pourquoi, voici ce que dit le Seigneur : La grêle tombera sur la
« maison du mensonge, et elle la renversera de fond en comble; l'inon-
« dation emportera toutes les digues, et quand le fléau aura passé, vous
« serez une boue qu'on foulera aux pieds[1]. »

Vous m'objecterez avec raison, monsieur le Ministre, que le gouvernement de l'Empereur ne peut présumer la malveillance ni la fausseté chez ses agents. Vous avez déclaré au Sénat que, dans le cas présent, le pouvoir

1. Isa. XXVIII, 15, 17, 18; — Jerem. VII, 4.

central avait été renseigné par *les plus hautes autorités administratives et judiciaires.*

Ces derniers mots, malgré mon vif désir de ne point faire apparaître ici de personnalités, se traduisent naturellement chez nous par des noms propres. Je n'ai échangé aucune parole à ce sujet avec qui que ce soit ; cependant j'ose croire qu'il est tel nom, susceptible d'être compris en tête des autorités indiquées, qui repousserait énergiquement, comme une tache infamante, la moindre apparence de complicité dans cette triste affaire. Au surplus, le témoignage *des plus hautes autorités* ne valait qu'autant qu'elles étaient personnellement témoins. Or, un seul de ceux qu'on a coutume de nommer les hauts fonctionnaires a été présent, que je sache, et les autres n'ont pu être que des échos de celui-ci et de ses assesseurs.

Quoi qu'il en soit, monsieur le Ministre, écartant de nouveau toute question de personnes, je vais user d'un droit que vous m'avez conféré. Comme élément d'appréciation de mon homélie du 30 juin, vous avez invoqué mes autres écrits. Souffrez qu'à mon tour je détermine la valeur du rapport fait au Gouvernement sur mon homélie d'après la moralité de quelques autres pièces émanées des mêmes sources. Je ne ferai appel qu'au *Moniteur* et à votre propre discours, et je ne sortirai pas du cadre des choses qui sont de ma compétence épiscopale.

VI. Le *Moniteur* que j'invoque ici n'est pas le *Moniteur universel*, mais bien le *Moniteur des Communes*. La responsabilité du ministère de l'Intérieur est engagée au suprême degré dans la rédaction de cette feuille, puisque deux exemplaires de ce journal sont imposés d'office au budget des plus minces municipalités, et que le placardement d'un de ces exemplaires est formellement commandé aux maires de toutes les communes rurales de l'Empire.

Or, le numéro du 12 décembre dernier, sous la rubrique : « On nous écrit de Poitiers, » informait la France entière que « le doyen d'âge de « la conférence de Saint-Vincent de Paul de Lusignan » venait de subir une condamnation pour un acte contraire aux mœurs.

Cette dépêche de Poitiers, où se groupaient deux autres nouvelles scandaleuses, éveilla l'attention du public honnête. On se demanda comment et dans quel but le condamné était désigné sous un pareil titre, dans un journal tenu à tant de décence et de réserve. Si l'éducation morale de nos quarante mille communes demandait qu'elles fussent édifiées sur la profession et l'état de services de cet homme, si quelque autre chose que sa personne et que l'acte dont il était déclaré coupable devait être flétri, c'était dans les phases principales de sa longue carrière qu'il fallait chercher son signalement. Ce signalement, le voici :

Cet homme est entré au service militaire en 1806; il a servi 9 ans dans les chasseurs à pied de la garde impériale, et il a fait partie de la grande armée jusqu'à son licenciement; admis dans la gendarmerie en 1816, il a été fait brigadier en 1832, et n'a eu sa retraite qu'en 1836; depuis cette époque, il gère conjointement avec sa femme un bureau de tabac.

Cela étant, dites que la grande armée, dites que le corps si estimable de la gendarmerie française, dites que la régie viennent de subir un grave déshonneur en la personne d'un de leurs vétérans; peut-être qu'ensuite il y aura lieu de mentionner sa qualité de membre d'une association de charité, et de regretter que les œuvres de religion et de bienfaisance inhérentes à cette association ne l'aient pas préservé contre une faute déplorable.

Mais non, il eût été odieux et répréhensible de rendre une administration publique quelconque responsable des torts d'un de ses membres. C'est la conférence de Saint-Vincent de Paul, c'est elle seule qu'il fallait salir, c'est elle seule qui est nommée avec une affectation dont le but n'échappe à personne.

Ce n'est pas tout : « Doyen d'âge de la conférence de Saint-Vincent « de Paul de Lusignan, » c'était une qualification ronflante, une phrase à effet. Affiché sur toute l'étendue du sol français, aux portes des mairies et souvent même des églises, publié par le *Constitutionnel* et reproduit par tous les journaux qui cultivent le scandale, ce court entre-filet était destiné à un vrai succès. On s'est dit : Le condamné est un septuagénaire, nous l'appellerons « le doyen de la conférence de Saint-Vin- « cent de Paul de Lusignan. » Or, il ne manquait à cela que la vérité. Le membre le plus âgé de cette conférence est un nonagénaire, père du juge de paix de Lusignan, qui compte dix-sept années de plus que le prétendu doyen[1].

1. On pourrait dire que cet homme n'était pas même membre de la conférence; car il a cessé d'en faire partie au milieu du mois d'octobre dernier, antérieurement aux poursuites, lorsque de premières rumeurs sont arrivées à l'oreille du président; son nom n'existe pas sur la liste envoyée alors à la préfecture pour la demande d'autorisation de la conférence, ainsi qu'on peut s'en convaincre par la copie déposée aux archives de cette conférence (Lettre du curé de Lusignan).

Votre honnêteté s'est indignée, monsieur le Ministre, à la lecture de ce récit; vous avez déploré que l'administration supérieure pût être la dupe et devenir la complice de semblables machinations. Votre indignation est légitime. Jamais aucune raison d'État, jamais aucune considération politique ne pourront justifier en France de pareils procédés. C'est justice de dire qu'aucun régime précédent n'avait préparé l'esprit public à de telles manières de faire. Veuillez y réfléchir : à l'heure où l'existence de la société entière de Saint-Vincent de Paul traversait une crise si grave; à l'heure où tant d'invectives gratuites et que vous avez été le premier à repousser, pleuvaient sur cette œuvre qu'a si noblement vengée M. le baron Dupin, sur cette œuvre travestie en officine de *corruption*, de *sacrilége* et d'*assassinat politique et moral*[1]; enfin au lendemain des fabuleuses inventions dont la conférence locale de Saint-Vincent de Paul de Lusignan avait été poursuivie, sans qu'elle pût en avoir raison et en obtenir justice, venir ainsi piétiner la victime renversée à terre, cela fait horreur à une âme honnête ! Les sévices sur un cadavre sont un genre d'exploit dont il faut abandonner l'honneur aux héros italiens d'Amalfi.

Ce premier échantillon des communications parties de Poitiers vous donnera une juste idée, monsieur le Ministre, de l'esprit et de la tendance qui les caractérisent. J'en vais alléguer une autre qui a la même provenance, et dont vous avez eu le malheur de faire usage vous-même dans votre apologie de la dépêche du 6 juillet.

VII. Pour former plus sûrement la conviction des membres du Sénat, concernant la culpabilité de mon homélie, Votre Excellence s'est écriée : « Mais quel était donc l'orateur? C'était le même Evêque qui, lorsqu'il « s'agissait de demander à son clergé, conformément aux traditions « chrétiennes de la France, des prières pour le Souverain au jour de sa « fête, lorsque le plus simple sentiment des convenances aurait dû lui « rappeler que de telles prières se demandent avec solennité, aussi bien « pour Dieu, dont on invoque les bénédictions, que pour le Prince sur « la tête duquel elles sont implorées, le même Evêque, dis-je, qui écri- « vait aux curés de son diocèse cette étrange lettre pastorale..... » Et ici, Votre Excellence a exhibé un exemplaire, non point d'une lettre pastorale, mais d'une simple lettre d'avis conçue en quelques lignes, par laquelle j'informais MM. les Curés du jour et du lieu des séances de la commission diocésaine d'examen des candidats aux bourses du petit

1. *Moniteur* du 26 février 1861, pag. 258.

séminaire, et que je terminais en rappelant que « la solennité nationale « du 15 août devrait être célébrée conformément aux instructions des « années précédentes. »

Je pourrais vous demander d'abord, monsieur le Ministre, comment cet écrit daté du 16 juillet a pu influer sur l'interprétation de ma harangue pastorale du 30 juin, et comment il peut servir à justifier la dépêche du 6 juillet. Ce reflet anticipé d'une circulaire à venir éclaire d'un jour assez douteux l'acte qui l'a précédé, et il faut être bien à court de preuves pour en utiliser de pareilles. N'importe : j'en comprendrais encore l'emploi à défaut d'autres; mais celle-ci est-elle valable?

Allons au fond de la chose. Vous avez raison, monsieur le Ministre, la prière pour le Souverain est un acte considérable qui doit être traité avec dignité. Elle est commandée par saint Paul dans ses Épîtres; elle a fait partie de la liturgie chrétienne dès les premiers âges et avant la conversion des empereurs romains; elle a revêtu des formes plus solennelles à la fois et plus mystiques en faveur des royautés chrétiennes; enfin la teneur en a été déterminée par des décrets apostoliques appropriés aux circonstances des lieux et des temps.

Je vous invite, monsieur le Ministre, à vous faire rendre compte de la manière dont s'accomplit dans toutes les églises de mon diocèse le devoir de la prière pour le chef de l'Empire français. On peut regretter que beaucoup de ceux qui devraient y participer et en donner l'exemple soient à peu près toujours absents des offices solennels où se prononcent ces formules sacrées. « Aussi bien pour Dieu, dont on invoque les bénédictions, que « pour le Prince sur la tête duquel elles sont implorées, » les fonctionnaires qui s'associent pieusement à ces invocations me paraissent fort supérieurs à ceux dont le zèle se borne à en confier de loin la surveillance au gendarme ou au commissaire. Mais si les hommes officiels s'en abstiennent beaucoup plus qu'il ne faudrait, c'est mon devoir d'affirmer que les prêtres de mon diocèse n'y manquent point, et qu'à mon exemple, dans les parties secrètes de l'office divin, comme dans les chants publics, ils remplissent exactement toute justice à cet égard. Une de mes lettres synodales a été consacrée à développer le décret rendu le 14 septembre 1857 par le Saint-Siége, sur la demande du gouvernement français [1]; je ne sache pas qu'aucun membre de mon clergé se soit écarté

1. Lettre synodale portant communication de plusieurs actes et décrets de l'autorité apostolique, § 1 (1857).

depuis ce temps des règles posées par mes ordonnances, conformément aux prescriptions apostoliques.

Mais Votre Excellence n'est pas suffisamment instruite de ce qu'elle a avancé concernant l'indiction annuelle d'une cérémonie spéciale à l'occasion de la fête du Souverain. Vous dites que, « conformément aux tra-
« ditions chrétiennes de la France, le seul sentiment des convenances au-
« rait dû me rappeler que de telles prières se demandent avec solennité. »
Permettez que nous cherchions si cette tradition apparaît dans le passé.

Vous avez sous votre main, monsieur le Ministre, les collections complètes des œuvres de Bossuet, de Fléchier, de Massillon et d'un grand nombre d'Evêques qui ont été les gloires de la France. J'ose vous demander s'il y existe une seule lettre pastorale à propos de la fête du Souverain. Non-seulement l'antiquité, mais les derniers siècles de l'Eglise de France n'offrent aucun précédent de ce genre. S'agit-il d'une époque plus rapprochée? Nos archives diocésaines contiennent jusqu'aux moindres circulaires envoyées par nos prédécesseurs, sous le gouvernement de la Restauration et sous celui de la branche cadette; on n'y rencontre point cette périodicité de prescriptions solennelles que vous déclarez exigées par le plus simple sentiment des convenances. Enfin, si je consulte la pratique actuelle de l'épiscopat français, voici ce que je trouve.

A part l'archevêque de la capitale, qui est l'Ordinaire de la cour, et qui accomplit en cela un devoir de grande convenance, je connais à peine deux ou trois prélats qui se soient fait une habitude fixe d'adresser une lettre pastorale annuelle au clergé ou au peuple pour la fête du chef de l'Etat. En dehors des occasions exceptionnelles, la généralité des Evêques se contente de rappeler ce qui a été prescrit une fois pour toutes. J'ai entre les mains des documents très-complets à cet égard. Ici la fête de l'Empereur est mentionnée parmi les avis en tête de l'*Ordo* diocésain; là, elle est indiquée en latin dans le corps même de l'*Ordo*, à la date du 15 août; ailleurs, la règle a été formulée dans une première ou seconde circulaire, avec cette observation expresse qu'elle serait exécutée, chaque année, sans qu'il fût besoin d'avis ultérieur; en beaucoup d'autres diocèses, enfin, elle est rappelée dans une série d'avis reproduits chaque année à la suite du mandement de carême ou de la lettre d'indiction de la retraite ecclésiastique. C'est ce dernier mode qui a été invariablement suivi dans mon diocèse depuis l'année 1853. Et comme tout est traditionnel dans nos habitudes de chancellerie épiscopale, je tiens à la disposition de Votre Excellence une lettre d'avis publiée en 1855 dans les mêmes conditions et dans les mêmes termes que celle de 1861.

Comment donc ce qui n'a jamais été l'objet d'une récrimination ni d'une observation quelconque, est-il devenu un crime en 1861 ? Comment de simples avis administratifs qui ne sont susceptibles d'aucune publicité, se sont-ils vus tout à coup, par suite du dépôt réglementaire que l'imprimeur en a fait à la préfecture, déférés violemment à l'animadversion du gouvernement, et, au même instant, qualifiés d'acte *insurrectionnel* et *révolutionnaire* par le journalisme local, d'où ils sont tombés dans le domaine du *Siècle* et du *Charivari ?* Comment, enfin, de telles pauvretés ont-elles pu avoir l'honneur d'une exhibition retentissante devant le monde entier par le discours de Votre Excellence, inséré au *Moniteur* du 28 février ?

Il ne m'appartient pas de répondre à ces questions ; mais ce que je dois dire, c'est que rien ne pouvait mieux servir ma cause auprès de l'opinion publique. Un prélat distingué me faisait l'honneur de me dire, au lendemain de votre discours : « Les interprétations données à un acte aussi « naturel que celui-ci mesurent le degré de confiance qu'il faut accorder « au rapport fait sur l'homélie du 30 juin. Quand il est démontré que « c'est la passion qui parle, les rapports de l'administration et de la « police perdent toute autorité. Si vous êtes coupable, nous le sommes « à peu près tous avec vous. »

VIII. Je ne vous ai cité, monsieur le Ministre, que ces deux exemples de l'esprit qui préside aux appréciations parties d'ici, en ce qui concerne ma personne et les affaires religieuses de mon diocèse. J'en pourrais alléguer vingt autres, qui sont connus de toute cette contrée.

Votre Excellence n'ignore pas que, d'après une injonction du Gouvernement qu'il n'y a pas lieu de discuter, tous les fonctionnaires de toutes les administrations, tant civiles que judiciaires, depuis le grade le plus élevé jusqu'au plus infime, ont reçu de leurs chefs respectifs la défense formelle d'avoir aucun rapport, même de politesse, avec leur Evêque. Mais ce que vous ignorez sans doute, c'est que quelques-uns de ceux qui ont transmis l'ordre le font exécuter avec une rigueur capable d'inquiéter les moins timides sur les positions qu'ils occupent ; que, dans plus d'un cas, on a pu craindre de paraître réfractaire aux instructions reçues par le seul fait qu'on assistait aux offices de la cathédrale, ou qu'on s'abstenait de parler de l'Evêque dans des termes qui répugnent à un chrétien honnête, mais dont ne rougissent pas ceux à qui leur position plus élevée semblerait interdire un pareil langage.

Dans cette circonstance, comme dans beaucoup d'autres, je me suis montré, croyez-le bien, « plus occupé d'éteindre que d'exciter les passions. » Connaissant les mesures prescrites par l'autorité supérieure, j'ai supplié de s'abstenir de tous rapports avec moi les personnes que je savais tentées d'y contrevenir. Sensible aux marques de sympathie, aux témoignages de confiance et d'affection que cet état de choses m'attire journellement, si j'éprouve une impression pénible, c'est beaucoup moins pour moi que pour l'honneur du gouvernement et pour la dignité de ceux qui le servent. Aussi ma pensée n'est-elle point de blâmer la mesure ni de m'en plaindre. A ne considérer que ma personne, je m'en féliciterais plutôt à certains égards. Mais qu'il me soit du moins permis de faire remarquer ce qu'il est possible d'attendre de bienveillance, d'impartialité et d'équité dans les rapports de ceux qui, à divers degrés de l'échelle hiérarchique, surveillent l'exécution de l'ordre extraordinaire et insolite que je viens de rappeler. Ce n'est point à un esprit aussi pratique, aussi éclairé que le vôtre, qu'il est besoin d'apprendre que, presque toujours, le zèle des subordonnés dépasse les bornes qu'a cru lui imposer l'autorité supérieure. Je n'aurai pas l'injustice de supposer qu'un gouvernement qui se respecte, et qui a quelque souci d'être respecté, ait pu tracer à ses représentants le programme que quelques-uns disent avoir reçu et qu'ils se glorifient d'exécuter en se portant aux actes inqualifiables que je viens de signaler.

C'en est assez, c'en est trop sur ces chétives choses. Il pourra paraître à Votre Excellence que c'est beaucoup descendre que d'en venir à une discussion et une apologie si détaillées. J'étais très-porté à en juger ainsi; j'ai fait abnégation de mon propre sens en me rendant au sentiment de ceux qui ont pensé que la défense devait être proportionnée à l attaque, et que la dépêche de M. Thouvenel devait être réfutée à fond. Désormais plusieurs traits de votre discours vont me permettre d'aborder des questions plus élevées.

IX. Je continue de reproduire, d'après le journal officiel, la suite de la harangue que vous avez prononcée contre moi :

« C'était le même pasteur qui, entraîné par son animation religieuse,
« avait publié au milieu de ses ouailles un Mandement, où il déclarait

« que l'intégrité absolue de la domination temporelle du Saint-Père était « article de foi, que ce n'était pas une question libre pour les cons- « ciences, et qu'admettre la sécularisation, même partielle, du patri- « moine apostolique, c'était sortir de l'orthodoxie. (*Nouveaux mur-* « *mures.*) »

« — Un Sénateur : C'est trop fort! »

« Il n'est pas bon, Messieurs, même pour l'Eglise, que quelques « esprits ardents et passionnés puissent ainsi impunément se laisser aller « à de tels abus... (*Sensation.*) »

Votre Excellence a du être bien sûre, cette fois, qu'elle ne portait pas une accusation en l'air. Il ne s'agit plus de ma parole parlée, mais de ma parole écrite; il s'agit d'un Mandement imprimé et publié. Les paroles volent, les écrits restent. J'attends donc que vous me révéliez à moi-même, Monsieur, la page de mes publications pastorales où se trouve consignée cette étrange proposition : « L'intégrité absolue de la domination temporelle du Saint-Père est un article de foi. » Aucune licence de polémique ne peut autoriser un orateur à fabriquer lui-même et à prêter à la partie adverse un langage faux et outré, pour se donner l'avantage facile de faire sensation et d'exciter les murmures de l'auditoire. Voilà, pour le coup, ce qui serait « trop fort. » Heureusement la loyauté du Ministre n'est point ici en cause, mais seulement, souffrez que je le dise avec respect, l'insuffisance d'instruction religieuse de l'homme du monde. Quand on parle une langue qu'on ne connaît pas, il est facile de substituer au mot propre des termes qu'on croit équivalents et qui sont loin de l'être. C'est ce qui est arrivé en cette circonstance. Vous avez fait plus que changer les mots, vous avez changé la proposition.

Je ne m'en plains point, puisque cela me donne ouverture à éclaircir et à préciser ce qui paraît être vague et confus dans beaucoup d'esprits. Le Mandement auquel Votre Excellence fait allusion est celui qui porte condamnation de la brochure intitulée : *Le Pape et le Congrès* (13 janvier 1860); j'en citerai les propres paroles un peu plus loin.

Non, monsieur le Ministre, *l'intégrité absolue de la domination temporelle du Saint-Père*, ni même l'existence de cette domination, n'est pas et ne peut pas être *un article de foi*. Tout article de foi présuppose la parole de Dieu écrite ou traditionnelle; l'Eglise n'appuiera jamais que sur cette base les vérités qu'elle définit et qu'elle propose à la foi des chrétiens. Or, la révélation divine n'est pas intervenue sur ce point. Il n'y a donc pas, il ne peut pas y avoir article de foi.

Mais, ainsi que je l'ai dit [1], la question n'est pas de savoir si le Pape aurait pu ne posséder jamais de souveraineté civile. La question est de savoir si celle qu'il exerce en fait depuis plus de mille ans, par une possession légitime et incontestée, et pour une fin qui se rapporte au libre exercice de son ministère spirituel, peut lui être arrachée sans injustice, et même sans sacrilége? C'est du fait, et non du dogme, que dérive ici le droit.

Or, l'Église catholique, par la voix de ses Evêques assemblés et de ses Evêques dispersés, par les décrets des Conciles œcuméniques et par les décisions solennelles des Pontifes romains, a prononcé l'inviolabilité de ses droits et de ses biens temporels, et spécialement l'inviolabilité des biens et des droits temporels du Saint-Siége. Ce jugement de l'Église a force de loi, et il est admis de tous les orthodoxes. Il n'en résulte pas, je le répète, que le fait de la souveraineté temporelle du Pontife romain ait été révélé; mais l'Église n'est pas seulement juge infaillible de la foi, elle est juge infaillible de la morale : elle définit le devoir avec autant d'autorité que le dogme.

Dans la matière présente, elle a fait plus que définir, elle a mis une sanction pénale à sa définition. Non contente de déclarer que l'usurpation de ses biens, de ses territoires, de sa puissance civile, était injuste et sacrilége, elle a tiré pour la défense de ses droits temporels le glaive terrible remis entre ses mains par son divin fondateur; elle a prononcé contre les usurpateurs la peine de l'excommunication. Soutenir que l'Église a fait en cela un abus d'autorité, c'est, ni plus ni moins, nier l'Eglise. Et comme Votre Excellence a paru voir ici une des exagérations doctrinales du parti ultramontain, je suis en mesure de lui démontrer d'une façon concluante que l'ancien clergé de France a professé très-énergiquement cette même doctrine. J'emprunte mon récit à la vie récemment publiée du célèbre abbé Émery, supérieur de la compagnie de Saint-Sulpice. Les paroles courageuses qu'il prononça devant l'Empereur dans une circonstance mémorable appartenaient depuis longtemps au domaine de l'histoire. Le trait que je vais alléguer est peut être encore plus frappant et plus digne d'attention.

1. Mandement portant publication de l'Encyclique (31 janvier 1860).

C'était en 1809. Les provinces pontificales avaient été envahies par les armées françaises. Une bulle d'excommunication avait été fulminée par Pie VII contre les envahisseurs. L'Empereur voulut faire infirmer cette bulle par une commission ecclésiastique. Les prélats qui la composaient furent choisis parmi les plus dévoués. Avec une complaisance que ne sauraient excuser quelques timides réserves en faveur du Pontife prisonnier à Savone, la commission se montrait disposée à déclarer que « la bulle était *nulle et de nul effet*, comme ayant été lancée pour la défense d'intérêts temporels. »

M. Emery n'hésita point à combattre ce sentiment. « Il s'éleva avec « force contre le principe sur lequel on s'appuyait pour établir la nullité « de l'excommunication, en montrant que l'Église avait de tout temps « fait usage des armes spirituelles pour la défense d'intérêts tempo- « rels, qu'elle le faisait encore de nos jours dans les *monitoires* autorisés « par le concile de Trente ; qu'on ne pouvait contester ce pouvoir à « l'Église sans l'accuser d'avoir abusé de son autorité, même dans plu- « sieurs Conciles généraux. Il ajouta que, s'il lui était bien prouvé que « l'Église n'a pas ce pouvoir qu'elle s'est tant de fois attribué, *il se ferait « aussitôt protestant*. Il fit observer encore que la conservation des biens « temporels du Saint-Siége n'était pas une chose indifférente sous le « rapport des intérêts spirituels, l'indépendance du chef de l'Église « étant de la plus grande importance pour le libre exercice de sa juridic- « tion [1]. »

Le poids d'une telle autorité sera considérable à vos yeux, monsieur le Ministre. Celui qui s'exprime ainsi est un homme nourri dans les doctrines de l'ancienne Eglise de France ; un homme qui, aux plus mauvais our de la Terreur, n'a jamais voulu quitter le poste que la Providence lui avait confié, et qui, plutôt que d'émigrer et de laisser les fidèles de Paris sans sacrements, les prêtres de France sans direction, s'est étudié à ne refuser aux exigences politiques des temps aucune des concessions rigoureusement compatibles avec les principes d'une saine théologie ; un homme qui a mérité la reconnaissance de l'Eglise tout en se conciliant les suffrages de ses adversaires ; un homme, enfin, de qui Napoléon Ier a dit : « Au moins, quand l'abbé Emery avance une chose, il me donne « des raisons et de bonnes raisons... L'abbé Emery parle en homme qui

1. Vie de M. Émery, tome II, pages 240, 241 (Paris 1862).

« sait son affaire; c'est ainsi que j'aime qu'on me parle[1]. » Eh bien! c'est cet homme, si éloigné de tous les extrêmes, qui déclare que l'autorité même de l'Eglise est engagée dans le droit qu'elle s'arroge de maintenir son temporel à l'aide des armes spirituelles; que si donc, dans la revendication et dans l'usage qu'elle a toujours fait de ce pouvoir, elle peut être justement convaincue d'usurpation et d'excès, ni sa sainteté ni son infaillibilité ne peuvent plus être affirmées; que, pour sa part, il n'y reconnaîtrait plus une institution divine, et qu'il se retirerait aussitôt de sa communion.

Après cela, monsieur le Ministre, je n'ai plus d'embarras pour justifier la doctrine du Mandement que vous avez attaqué et dénoncé au moyen d'une citation défigurée; j'en maintiens tous les termes, et je serais fier qu'il me valût l'honneur d'être rangé, en société de M. Emery, parmi « ces « esprits ardents et passionnés qui mettent l'Eglise en péril, » parmi « ces natures emportées qui embarrassent plus qu'elles n'aident leurs « vénérables collègues, compromettent les idées qu'elles voudraient dé« fendre, et paralysent ce que la sagesse et la prudence des autres pour« raient faire de bien. »

L'histoire vous apprendra deux choses, monsieur le Ministre : premièrement, c'est que pas un des hommes du sanctuaire qui ont pris hautement la défense de l'Eglise contre les invasions du laïcisme, n'a échappé aux qualifications que vous nous adressez; secondement, c'est que les rois de la terre, depuis quinze siècles, ont eu beaucoup plus à souffrir des complaisances que des résistances de l'épiscopat. Les annales ecclésiastiques ont enregistré ce mot du cardinal Pacca : « Si, dès le principe, tous « les évêques avaient parlé comme M. Emery, l'Empereur ne se serait « pas engagé dans la voie qui l'a conduit à sa perte. »

X. Un mot encore sur la question théologique de l'inviolabilité des Etats de l'Eglise. J'ai dit que Votre Excellence n'avait pas seulement dénaturé mes paroles, mais qu'elle avait altéré le sens de ma proposition. En effet, en déclarant que « nulle puissance terrestre n'a autorité pour dépouiller la Papauté, en tout ou en partie, de son gouvernement civil, » en ajoutant que « la violation des droits temporels du Saint-Siége est formellement réprouvée par l'enseignement chrétien, attendu qu'elle blesse non-seulement toutes les lois de la justice, de l'ordre, de la pro-

1. Vie de M. Émery, tome II, pages 176, 309.

priété et de la souveraineté, mais qu'elle offense en outre la vertu même de religion, et qu'elle constitue cet outrage à la Divinité qui est connu sous le nom de sacrilége[1]; » en affirmant, dis-je, ces principes incontestables, et en les appuyant de l'autorité de Bossuet, je n'ai avancé nulle part ce que vous semblez m'attribuer, à savoir : que le Pape lui-même ne pourrait, en aucune hypothèse, transiger et négocier à propos d'une partie quelconque des possessions temporelles du Saint-Siége, par la raison que tout territoire, une fois placé sous son sceptre, participe à l'immutabilité de l'Eglise, et est mis en dehors du mouvement des choses humaines.

Non, monsieur le Ministre, nous ne disons rien de semblable. En dehors de l'obstacle dogmatique qui est toujours infranchissable, nous n'avons pas coutume de nous ingérer si aisément à marquer la limite des pouvoirs souverains du Vicaire de Jésus-Christ. Nous savons, il est vrai, qu'il existe un obstacle canonique très-grave; mais nous savons aussi, et les fastes de notre Église au commencement de ce siècle nous apprennent, qu'il est de ces cas majeurs dans lesquels la conscience du chef de l'Église et son droit suprême lui permettent ou même lui commandent de s'élever au-dessus des canons. Nous savons encore que la question canonique se complique ici de la question du serment; car, vainement s'est-on efforcé de réduire ce serment à une simple précaution contre les entraînements du népotisme; la teneur des diverses constitutions pontificales où il en est mention, les circonstances dans lesquelles plusieurs d'entre elles ont été publiées, démontrent que le serment a une portée plus étendue. Mais, quoi qu'il en soit, là où il n'y a pas impossibilité dogmatique, là où l'on peut contester la rigoureuse impossibilité canonique et disciplinaire, il n'en subsiste pas moins un obstacle absolu, si l'Eglise et son chef prononcent qu'il y a impossibilité de conscience, impossibilité pratique. La hiérarchie catholique, on ne saurait assez le redire, n'est pas simplement gardienne de la foi et des canons, elle est juge de toutes les questions morales ; elle n'a pas seulement mission pour enseigner, mais encore pour régir ses sujets et pour se régir elle même, en tout ce qui touche la conscience. Elle est assistée d'en haut pour la règle de sa conduite, comme pour celle de son enseignement. C'est à propos d'une affaire de litige que Jésus-Christ a dit :

1. Mandement du 13 janvier 1860.

« Si quelqu'un n'écoute pas l'Eglise, qu'il soit pour vous comme un « païen et un publicain [1]. »

Dans la conjoncture actuelle, l'Eglise a parlé. Elle a parlé par son chef suprême qui, dans plusieurs encycliques solennelles, a affirmé et proclamé son droit, son devoir et sa volonté de conserver l'intégrité des Etats temporels du Saint-Siége, et qui en a donné des raisons tirées de l'ordre de la religion, de la justice, de la morale et de tous les principes qui fondent la sécurité du ministère spirituel et le bon gouvernement des sociétés humaines. Elle a parlé par l'organe de ses Evêques disséminés sur tous les points du globe, dispersés aux quatre vents, et qui, mus par le même esprit, ont été unanimes à déclarer l'injustice de la spoliation, l'iniquité des motifs et l'impiété des maximes dont elle s'autorise, enfin, la nécessité de conserver, par tous les moyens possibles, une garantie d'indépendance hors de laquelle on ne voit que dangers pour la religion, trouble pour les âmes, ruine pour tous les intérêts, ébranlement pour les trônes, calamités pour le monde.

Devant ce langage de l'Eglise, les chrétiens n'ont pas deux partis à prendre. Votre Excellence ne fera donc pas avancer la discussion d'une seule ligne en répétant sans cesse « que la question est libre parce que « l'intégralité du temporel n'est pas de dogme, » ce que tout le monde reconnaît. Le *non licet* n'a pas nécessairement sa racine dans un article de foi ; il suffit qu'il résulte d'un devoir certain. M. le procureur général Dupin a dit que, dans le *non possumus* du Saint-Siége, il soupçonnait beaucoup de *nolumus* [2]. Eh bien, soit ! La Papauté ne veut pas ; mais elle ne veut pas parce qu'elle ne doit pas et que conséquemment elle ne peut pas. Je concède qu'elle n'a pas les mains liées par une discipline absolue, inflexible, indépendante de toute hypothèse ; il me suffit que, dans l'état actuel des sociétés humaines, la raison, le droit, l'intérêt de la catholicité, le bien universel des âmes, la notion du vrai, du juste, de l'honnête, le sentiment unanime des pasteurs et l'assistance de l'Esprit-Saint dictent sa détermination pratique [3].

1. Matth. XVIII, 17.
2. *Moniteur* du 5 avril 1859.
3. Nous avions déjà écrit ces lignes lorsque le Saint-Père, dans son allocution du 25 mars, en l'église de la Minerve, a proclamé « que le Saint-Siége ne soutient pas comme dogme de « foi le pouvoir temporel, mais qu'il le déclare nécessaire et indispensable, tant que durera « cet ordre établi par la Providence, pour soutenir l'indépendance du pouvoir spirituel. »

Ceci me conduit, monsieur le Ministre, à examiner un des côtés de votre discours où je regrette que ma personnalité doive encore reparaître.

XI. Votre Excellence a longuement et pathétiquement exhorté les chrétiens à faire acte de zèle éclairé et de dévouement effectif envers le Saint-Siége, en lui donnant les conseils de prudence, de modération, de sagesse pratique dont il a besoin en ce moment.

Permettez que je m'étonne d'abord de la diversité des rôles que vous faites au chef de l'Eglise.

Interpellé sur la dépêche du 6 juillet par votre éminent collègue du Sénat, Monseigneur le cardinal de Besançon, vous avez répondu que le gouvernement avait jugé utile de demander au Saint-Père lui-même « un « témoignage éclatant de sa reconnaissance pour le secours et l'appui « que lui donnait l'Empereur, de telle sorte que le peuple des fidèles sût « bien quels étaient sur ce point les sentiments du Pape. » Cette démarche était superflue ; nous ne doutions pas plus de la reconnaissance du Saint-Père que de la nôtre propre ; partout où il y aura bienfait envers l'Eglise, il y aura toujours de la part de l'Eglise gratitude proportionnée au bienfait.

Mais, voici qu'après avoir obtenu du Pape l'affirmation éclatante de sa reconnaissance envers l'Empereur, et fait ainsi « descendre de la chaire « pontificale une leçon à l'adresse de ceux qui, même en politique, « croient plus volontiers en la cour de Rome qu'à l'Empereur, » voici, dis-je, que les rôles sont intervertis, et que ce sont les Evêques et les fidèles qui sont adjurés, à leur tour, de s'inspirer des conseils de la politique et de ce qu'on nomme l'esprit moderne pour faire la leçon au Saint-Siége hautement accusé d'obstination, d'aveuglement et même d'ingratitude ; le reproche de manque de reconnaissance est plusieurs fois répété !

Véritablement, monsieur le Ministre, il m'est pénible d'avoir été pour vous l'occasion d'une de ces oppositions et de ces incohérences de langage qui infirment trop souvent la valeur de vos discours, où se révèle d'ailleurs un talent si souple et si fécond en ressources ; et il m'est plus pénible encore d'avoir mis le gouvernement dans le cas de faire appel à la parole du Vicaire de Jésus-Christ pour donner ensuite un démenti si prompt et si humiliant à cette parole.

Mais passons sur cette inconséquence, et voyons s'il est possible aux chrétiens d'accepter l'office de conseillers du Pape, tel qu'il leur est dévolu par Votre Excellence.

Les conseils qu'on leur demande de donner à la Papauté se rapportent ou bien aux principes généraux de sa politique, ou bien à des applications particulières, ou enfin à l'abandon partiel ou total de sa souveraineté.

XII. Quant au premier point, comme il touche aux plus hautes spéculations de l'ordre moral et de l'ordre social, à des questions de droit naturel et de droit positif qui ont une étroite connexion avec l'ordre surnaturel et révélé, celui-là serait singulièrement confiant en lui-même qui aurait la présomption de se faire le précepteur de l'Eglise en ces matières. L'Eglise est ici-bas la personnification de la sagesse éternelle qui est incarnée dans le Christ. A meilleur titre que la Minerve mythologique, elle a droit à n'être pas enseignée par le premier venu. Les profanes n'ont pas grâce pour ce ministère. La lumière n'a pas coutume de partir d'en bas pour éclairer la cime des monts.

Ce serait sans doute présumer des hommes de notre temps que de vouloir leur faire accepter cette vérité si claire pour les chrétiens : que, dans les principes supérieurs de son droit public, la royauté pontificale demeure le type et l'exemplaire de toute royauté et de toute politique chrétienne. L'honorable M. Piétri me répéterait que « nous discutons « dans les hauteurs du ciel les plus simples questions terrestres, » ce dont nous ne sommes pas tentés de nous défendre, encore moins de nous corriger, et « qu'il lui est impossible de nous y suivre [1], » ce qui ne nous semble pas être le sujet d'une grande gloire. Mais ce que l'on peut sans trop d'exigence demander à notre siècle, c'est de savoir au moins douter de lui même, et de ne pas se montrer trop absolu et trop intolérant dans sa prétention d'introduire partout des maximes qui n'ont pas encore été suffisamment éprouvées par le temps, ni justifiées par le succès. C'est bien le moins que les doctrines qui se disent libérales ne s'imposent pas avec hauteur et tyrannie.

Croyez-moi, monsieur le Ministre, tandis que les nations s'aventurent dans des théories nouvelles et dans des expérimentations pratiques dont le résultat définitif est encore à l'état de problème, il est bon aux gouvernements humains, il leur est salutaire de ne point hâter la disparition du dernier, du plus sage et du plus auguste demeurant d'un autre ordre social et d'un autre droit public, vers lesquels il n'est pas démontré que, sans préjudice de certaines formes mobiles, et, si l'on veut, de quelques

1. *Moniteur* du 22 février 1862.

progrès secondaires, le besoin même de liberté autant que d'autorité ne les doive ramener un jour.

L'Eglise a sa conviction arrêtée, son jugement défini sur la valeur intrinsèque de plusieurs axiomes qui forment ce qu'on appelle les courants de l'esprit et de la société modernes. A l'égard de quelques autres de ces principes, elle ne fait pas d'opposition absolue ; mais elle élève des objections considérables, tirées de la tradition du genre humain et de la sagesse naturelle de tous les siècles. Avec cette mansuétude et cette placidité qui n'appartiennent qu'à Dieu et à elle, elle laisse beaucoup dire, elle examine et juge toutes choses tranquillement. Elle, qui a les secrets du Verbe, elle pratique très-volontiers le silence, elle est prompte à écouter et lente à parler; en beaucoup d'occasions, elle met la main sur sa bouche, comme si elle avait besoin de réfléchir avant de donner sa réponse ; elle attend que le temps et les faits amènent la persuasion chez ceux qui n'accepteraient pas de confiance ses décisions, et, encore bien qu'elle s'afflige de tant de cruels mécomptes qu'ils s'épargneraient à eux-mêmes, s'ils voulaient s'en rapporter tout d'abord à ses lumières, elle sait notre naturel ainsi fait que rien ne peut suppléer pour nous à la sagesse acquise ; elle se résigne donc à nous voir acheter notre conviction à nos dépens, trop souvent au prix de bien du sang et des larmes.

Mais enfin, si l'Eglise est discrète, si elle est débonnaire, ce n'est pas une raison pour qu'on soit arrogant et violent envers elle. L'Esprit-Saint qui réside en elle est appelé l'esprit de conseil. Elle a autorité et lumière pour se diriger; elle ne peut ni se laisser river par le bras séculier à des doctrines qui ne sont pas les siennes, ni se jeter prématurément elle-même dans toutes les voies où il plaît à l'esprit humain de se hasarder. Témoin de toutes les convulsions de la société, de toutes les chutes et de toutes les meurtrissures du Pouvoir depuis soixante-dix ans, la Papauté n'aurait-elle pas le droit de faire à ses conseillers impatients la réponse que vous avez adressée avec tant de verve et de bons sens à quelques-uns de ses adversaires? Ne pourrait-elle pas dire, elle aussi : « Est-ce que la « politique contemporaine n'a rien de mieux à faire que d'ébranler le « monde par des déclamations contre l'Eglise? Commencez donc par « clore d'une façon définitive l'ère des révolutions; commencez par « asseoir sur le sol un établissement fort et durable ; n'oubliez pas que « les gouvernements sont comme les individus : mal conformés, ils por- « tent en eux-mêmes le germe de toutes les maladies, et leur vie est

« courte. Appliquez-vous à vous faire un bon tempérament politique ; « portez-vous bien aux yeux du monde, vous propagerez ensuite vos « recettes de guérison et de santé. » La Papauté ne tiendra point ce langage qui s'écarterait de sa modestie et de sa réserve habituelles ; mais, en lisant votre discours du 12 mars, monsieur le Ministre, il n'est personne qui n'ait senti qu'elle serait autorisée à le tenir.

XIII. Nos conseils seraient-ils beaucoup plus recevables en ce qui regarde les questions de détail et d'application ? Je n'ose le dire. Assurément le gouvernement temporel du Pape a ses imperfections ; où n'y en a-t-il pas sur la terre ? Ces imperfections sont-elles comparables à celles de beaucoup d'autres gouvernements contemporains ? Si je le disais, je mentirais à ma conviction formée sur les lieux après un examen sérieux et une étude approfondie. J'ai exprimé ma pensée à cet égard dans un écrit pastoral publié quelques jours après le protocole du 8 avril 1856[1]. Ma satisfaction n'a pas été médiocre lorsque, quelques mois plus tard, j'ai pu constater l'identité de mes observations avec celles du rapport de M. de Rayneval, composé dans le même temps et inspiré par les mêmes circonstances. Ce que plusieurs mois d'observation attentive m'avaient révélé, c'est ce que l'éminent diplomate attestait avec une autorité bien supérieure à la mienne. On ne comprendrait pas qu'à l'heure où l'on exploitait si bruyamment quelques extraits de vieilles dépêches ensevelies dans les cartons poudreux du ministère, et très-facilement explicables d'ailleurs, ce rapport magistral et décisif qui restera comme un monument de la loyauté et de l'indépendance de la diplomatie française, en même temps que comme une apologie complète du règne de Pie IX et de son administration, ait pu être traité avec tant d'indifférence et de dédain, si l'on ne savait que, dans la question romaine, ç'a été un parti pris de regarder comme non avenu tout ce qui contrariait les vues ambitieuses du Piémont. Pour tout lecteur de bonne foi, il restera vrai qu'aucun gouvernement n'a plus travaillé que celui de Pie IX à donner satisfaction aux intérêts moraux et matériels des populations, et que les reproches faits à la politique pontificale portent presque tous sur des nécessités que la révolution française a introduites dans l'Europe entière[2].

1. Instruction synodale sur Rome considérée comme siège de la Papauté ; § XXVI et suiv.

2. Ce remarquable rapport de M. de Rayneval, publié d'abord en Belgique, a été reproduit en 1859 dans le *Recueil des traités, conventions et actes diplomatiques concernant l'Autriche et l'Italie* (Paris, chez Amyot, rue de la Paix).

XIV. D'ailleurs, monsieur le Ministre, il est impossible de s'y méprendre; le conseil qu'il s'agit de donner respectueusement à la Papauté, c'est celui de l'abdication partielle d'abord, puis bientôt totale. L'honorable M. Piétri, après avoir proclamé « qu'il faut malgré tout sauver Rome qui « veut se perdre », n'a point fait difficulté d'ajouter : « Vous savez que « les hommes les plus intelligents et les plus populaires de l'Italie (je ne « parle pas des sectaires), ne croient possible l'affranchissement de leur « patrie que le jour où le pouvoir temporel du Saint-Père ne sera « plus[1]. » Vous-même, dans vos diverses harangues au Sénat et au Corps législatif, spécialement dans votre discours du 12 mars, vous supposez que, sinon aujourd'hui ou demain, du moins à un moment donné, Rome pourra et devra être dévolue à Victor-Emmanuel, « non par la violence, « mais par la voie diplomatique, par les convictions morales, et AVEC LE « CONCOURS DE LA FRANCE. » C'est contre cette solution que le gouvernement pontifical a, selon vous, le tort très-grave de rester *incurablement affecté de l'inflexibilité invincible que proclame la dépêche* de M. de La Vallette; c'est pour l'amener à ce résultat que l'on doit *faire une trouée dans les aveuglements de la cour de Rome;* c'est cette politique qu'il faut faire prévaloir, et, dans cette fin, *agir sur les esprits, donner des conseils, employer la diplomatie et faire mouvoir les influences plutôt que de faire mouvoir les armées et gronder le canon;* enfin, c'est sur ce point qu'il faut *montrer jusqu'à l'évidence que le* NON POSSUMUS *est à la fois faux et dangereux.*

Or, monsieur le Ministre, le conseil d'abandon même partiel de sa souveraineté, pas un chrétien ne pourrait songer à le donner au Saint-Père. Il suffit de considérer à qui et pourquoi, en vertu de quels principes et en faveur de quels hommes la Papauté est mise en demeure de faire ce sacrifice.

Si je prête l'oreille aux assertions de certains catholiques qui parlent trop souvent de leur sincérité pour que nous la mettions en doute, mais dont il nous sera permis de discuter la science, et qui, à leur insu probablement, ne sont ici que les échos des hérésiarques du moyen âge, ce serait l'Evangile lui-même qui réprouverait la coexistence du pouvoir temporel avec le pouvoir spirituel. L'honorable M. Bonjean, qui se persuade avoir fait une excursion sérieuse dans le domaine de la théologie,

1. *Moniteur* du 22 février 1862.

parce qu'il a déposé dans l'urne du suffrage italien les bulletins de Charlemagne, de saint Bernard et de sainte Catherine de Sienne (appoint équivoque à la *sincérité* du vote piémontais), ne paraît pas douter que la royauté pontificale ne puisse être doctrinalement battue en brèche comme une institution contraire à la lettre et à l'esprit de la révélation chrétienne.

Beaucoup d'autres publicistes, sans négliger cet argument, s'appuient surtout sur le vice radical d'une politique enchaînée à l'orthodoxie. A leurs yeux, le progrès matériel et le progrès intellectuel d'un peuple demandent que ses gouvernants, du moins en tant qu'hommes publics, ne soient esclaves d'aucune doctrine religieuse. Aussi poussent-ils la générosité jusqu'à ne pas instruire le procès personnel du Pape actuel et de ses ministres et conseillers; c'est, selon eux, le régime lui-même qui est intrinsèquement mauvais. M. de Cavour s'est exprimé souvent en ce sens, et S. A. I. le prince Napoléon a reproduit ce même jugement.

Enfin, d'autres hommes d'Etat se contentent d'alléguer la grande exigence du moment, c'est-à-dire la nécessité, le droit et la volonté de l'Italie d'avoir sa capitale civile à Rome.

Quel que soit celui de ces trois points de vue auquel on se place, il devient évident que la Papauté se trouve mise dans l'impossibilité de transiger pour de tels motifs, et qu'au lieu de sauver le principal moyennant un abandon partiel, elle livrerait au contraire le tout en livrant la partie.

XV. Par exemple, si la réunion des deux puissances sur une même tête est contraire à la doctrine ou seulement à la perfection évangélique, il ne reste plus à l'Eglise qu'à désavouer sa tradition de quinze siècles, sa pratique de plus de mille ans, et qu'à révoquer les décrétales de ses Papes et les condamnations de ses Conciles généraux.

Je lis dans le discours de M. le sénateur Bonjean : « Quoi qu'en ait « pu dire l'évêque de Poitiers, et quelque délicates qu'elles puissent être, « ces questions ne touchent ni à la foi, ni au dogme, ni même à aucun « point essentiel de la discipline ecclésiastique.» Puis à la fin de la seconde partie de ce même discours, je trouve ces mots : « Pour qui- « conque croit à l'Evangile, la Papauté, par l'exercice du pouvoir tempo- « rel, est en contradiction, pour ne pas dire en révolte, avec cette parole « de l'Homme-Dieu : *Mon royaume n'est pas de ce monde* [1]. »

J'ose faire observer à M. Bonjean que son assertion, dont il n'a pas probablement compris toute la portée, est équivalente à la doctrine d'Ar-

1. *Moniteur* du 1er mars 1862.

nault de Brescia qui a été condamnée comme hérétique par Innocent II dans le concile de Latran, à celle de Marsile de Padoue qui a été condamnée par Jean XXII, à celle du fraticelle Denys, condamnée par Urbain V, enfin à plusieurs articles de Wicleff, condamnés d'abord par Grégoire XI, puis par le concile de Constance. D'ailleurs, comment un catholique qui répète chaque jour : *Credo... Sanctam Ecclesiam*, peut-il admettre que l'Eglise ait tenu, durant une longue suite de siècles, en la personne des Pontifes romains et de plusieurs autres princes ecclésiastiques, une conduite en contradiction ou en révolte avec la parole de Jésus-Christ [1] ?

Et ici je veux, en passant, tranquilliser M. le Sénateur à propos d'une appréhension qu'il a manifestée. Il a paru se troubler dans la pensée que, la composition actuelle du sacré collége étant en grande majorité italienne, « si l'homme marqué du doigt de Dieu pour résoudre les « graves questions qui, dans ce siècle, s'agitent entre la religion et la « politique se trouvait être un prélat français, allemand ou espagnol, il « serait fait échec aux desseins de Dieu. » Que l'estimable orateur se rassure. Dieu demeure toujours assez puissant pour procurer le triomphe de ses desseins : le passé historique en ferait foi au besoin. Seulement, si M. Bonjean se persuade qu'un Pape français, par exemple, serait plus incliné qu'un Pape italien à proclamer la doctrine de l'incompatibilité des deux puissances, il faut qu'il se détrompe. Ce sont trois Papes français qui ont, les premiers, infligé des censures doctrinales aux erreurs de Marsile, de Denys Soulechat et de Wicleff sur cette matière ; et tout porte à croire que, si jamais un cardinal de notre nation était appelé au suprême pontificat, repassant dans ses souvenirs les tristesses et les gloires de ses devanciers, il aspirerait bien plus au rôle de Pierre Roger, restaurateur de la royauté pontificale, qu'au sort douloureux de Bertrand de Got.

Non, monsieur le Ministre, aucun Pape, de quelque pays qu'il soit, et dans quelque atmosphère politique qu'il ait été nourri dès le berceau, ne

1. MM. les curés des villes et des chefs-lieux de canton viennent de m'informer qu'ils ont reçu l'envoi direct et gratuit de l'étrange discours de M. Bonjean. Ils se demandent dans quel but de telles communications peuvent leur être faites.

M. le Sénateur, dans une addition d'ailleurs très-censurable, mise au bas de la page 10, m'inflige la note de *témérité*. M. Bonjean est humblement prié, lui aussi, de me faire connaître où et quand j'ai enseigné que « le pouvoir temporel est un article de foi. »

De mon côté, je me fais un devoir de déclarer aux prêtres et aux fidèles de mon diocèse que le discours de M. Bonjean, avec ses notes explicatives, fourmille d'erreurs cent fois réfutées et de propositions directement contraires à la doctrine de l'Église.

céderа jamais un pouce du territoire pontifical en vertu d'une prétendue interdiction évangélique qui serait la condamnation expresse de toute juridiction temporelle ecclésiastique.

XVI. La seconde cause d'abdication partielle ou totale n'est pas plus recevable que la première, nous voulons dire ce prétendu vice inné qui de tout pouvoir ecclésiastique ferait nécessairement un mauvais gouvernement civil. Admettre que la dépendance de la loi divine paralyse et vicie la politique humaine, c'est outrager, ou plutôt c'est nier Dieu, qui n'a pas pu mettre cette opposition et cette contradiction entre deux ordres dont il est l'auteur, l'ordre religieux et l'ordre social; ou bien, c'est ressusciter la doctrine manichéenne des deux principes, et livrer l'Eglise à l'un et le monde à l'autre; c'est, de plus, donner un démenti à l'histoire et à l'expérienee qui nous montrent, dans le passé, des royautés et des républiques chrétiennes très-prospères, et, chez tous les peuples, des hommes d'Eglise grands hommes d'Etat.

Du reste, que le prince soit laïque ou qu'il soit prêtre, dès lors qu'il est chrétien, il est tenu de subordonner sa politique à sa conscience et à sa foi, et la doctrine religieuse élève indistinctement devant lui les mêmes barrières morales. L'immunité du laïque au regard de l'ordre surnaturel et révélé est une de ces confusions de langage et d'idées qui n'appartiennent qu'à notre époque. J'ai cru devoir, pour ma part, la signaler, et la réfuter théologiquement [1]; et Votre Excellence lirait avec fruit la belle instruction pastorale que mon vénérable ami, Monseigneur l'Evêque d'Angoulême, vient de publier sur cette question [2].

Dans tous les cas, il est évident que si le prince ecclésiastique prive forcément ses sujets d'un bien-être légitime et d'un progrès essentiel, ce n'est pas seulement d'une portion, mais de la totalité de son territoire qu'il doit se démettre. Il ne se peut pas que des hommes, en si petit nombre que ce soit, demeurent voués au malheur précisément parce qu'ils ont le privilége d'être placés sous le sceptre royal du Vicaire de Dieu en terre. C'est le cas de reproduire ici une remarque de M. de Rayneval : « Si le Pape se désistait, pour un pareil motif, d'une partie de ses pro-« vinces, que pourrait-on répondre à l'autre moitié des Etats pontificaux « qui se plaindrait de sa destinée? » Aussi ajoutait-il : « On doit s'atten-« dre à voir le Pape opposer à un pareil projet une résistance déses-

1. Seconde instruction synodale sur les principales erreurs du temps présent (1858), § III.
2. Mandement de Monseigneur l'Évêque d'Angoulême pour le carême de 1862.

« pérée; *s'il ne le faisait pas, il faudrait lui délivrer à la face de l'Eu-*
« *rope un brevet d'incapacité radicale.* Mais non, jamais il ne donnera
« son assentiment à un semblable plan. Consentante ou non, la Papauté
« recevrait de là un coup mortel, et c'est ce qu'ont très-bien compris
« les auteurs de la combinaison. »

XVII. Enfin les catholiques se récuseront pareillement de donner au Saint-Père un conseil basé sur le prétendu droit de l'Italie à posséder Rome pour capitale. Contre un droit certain et immémorial, contre un droit dont la conservation se lie à tout un ordre de providence et d'économie divines, au gouvernement des âmes et à l'intérêt religieux du monde entier, à la conservation des principes fondamentaux de la justice et de l'autorité, enfin à la véritable prospérité et dignité de l'Italie elle-même, contre un droit si haut et si assuré, comment admettre un droit fictif et arbitraire, un droit né d'hier et qui est sans fondement dans l'histoire, comme dans la doctrine et la morale?

Pour obéir au caprice de ce qu'on nomme à tort l'Italie, et de ce qui n'est en réalité que la faction piémontaise ou mazzinienne, il faudrait donc que le chef de l'Eglise, ou bien s'expatriât hors de la Péninsule, ou bien s'accommodât de vivre en simple particulier, là où il a vécu plus de mille ans en souverain.

Le premier de ces partis vaudrait mieux assurément que le second. Toutefois, si les Papes ont souvent subi l'exil, ils ne l'ont jamais demandé. L'émigration répugne aux devoirs de la Papauté. Le chef de l'Eglise catholique est Evêque de la ville de Rome, il est titulaire perpétuel du siége romain. De droit divin, le titre implique l'obligation de la résidence, sauf obstacle majeur. Les Papes ne donneront donc point leur assentiment à un ordre de choses qui les tiendrait forcément éloignés de la Ville éternelle.

D'autre part, quoique nos temps modernes aient été fertiles en humiliations pour les têtes couronnées, on n'a pas encore vu la dignité royale oublieuse d'elle-même à ce point qu'un souverain se soit résigné au rôle de sujet pensionné de l'usurpateur. Il ne serait pas salutaire pour les rois et pour les peuples qu'un tel exemple fût donné par la plus haute majesté de la terre. En se constituant casuiste de la Papauté touchant cette hypothèse, l'ex-père Passaglia a prouvé qu'il n'avait point grâce et lumière pour décider le cas. La Papauté a erré souvent de ville en ville, et elle est demeurée soixante-dix ans à Avignon pour éviter des calamités et des hontes plus supportables que celles dont elle est menacée. Les leçons de l'histoire, l'état de l'Église d'Orient, le sort présent de la hiérarchie dans les provinces gouvernées par le Piémont, nous disent ce que la Papauté peut espérer de dignité et de liberté dans l'accomplissement de son ministère spirituel, le jour où le Pape serait le sujet de Victor-Emmanuel ou de Mazzini.

Vous demandez aux catholiques, monsieur le Ministre, d'avoir un peu de courage pour parler au Saint-Père; vous leur dites : « Vous aimez le « Pape de toutes les forces de votre âme, et vous voulez sa situation « complète et indépendante; vous voulez écarter de lui toutes les pierres « d'achoppement. Eh bien! quand ses guides sont aveugles, criez-lui « donc qu'il y a là un précipice, et qu'ils vont l'y jeter. Voilà, ajoutez- « vous, ce qu'un catholique qui méconnaîtrait moins les embarras et « les nécessités des choses pourrait, dans l'intérêt de la religion et dans « celui de la politique, faire d'utile et de sérieux. »

A la bonne heure; mais si les admonitions des catholiques au Saint-Père aboutissent finalement à lui demander de céder Rome au Piémont, parce que l'Italie déclare hautement que cette cession seule peut la satisfaire, savez-vous à qui la Papauté pourra emprunter sa réponse? Elle l'empruntera encore à vous-même, monsieur le Ministre, et cette réponse sera sans réplique.

Vous avez déclaré sans détour, l'an dernier, à l'un des contradicteurs de la politique impériale, que Paris n'avait pas droit de se faire à lui-même sa représentation municipale et départementale, parce qu'un intérêt commun à toute la France, un intérêt politique prédominant est engagé dans la question de Paris[1]; et votre collègue, M. le président du conseil d'État, a reproduit naguère cet argument.

Or, je vous le demande, si d'après votre doctrine, et conformément à des nécessités dont je ne me fais pas juge, si Paris n'appartient pas aux Parisiens, si le département de la Seine n'appartient pas à ses habitants, parce que Paris étant la capitale de la France, tous les ressorts de l'autorité suprême étant contenus dans son enceinte, les grands instruments de la puissance publique y étant concentrés, ses conditions municipales intéressent à un haut degré la sûreté du souverain, celle des grands corps de l'État et la tranquillité de tout l'empire; si, dis-je, il en est ainsi, pourquoi ne pas raisonner de même et *a fortiori* pour Rome et

1. *Moniteur* du 20 mars 1861.

l'Etat pontifical? Après tout, Paris n'est pas la capitale nécessaire de notre nation; le mariage de Paris avec la France n'est pas rigoureusement indissoluble; enfin, à d'autres époques, l'échevinage parisien n'était pas jugé un obstacle aux exigences spéciales de l'administration de la capitale. Que si votre raisonnement, malgré cela, conserve sa valeur, combien n'est-il pas plus vrai de dire que Rome, avec ses dépendances et son périmètre séculaire, n'appartient pas aux Italiens, et ne peut pas être sacrifiée à l'unité italienne, parce que, Rome étant la capitale nécessaire et immuable de la chrétienté, la coexistence du roi d'Italie et du Père commun de tous les chrétiens dans cette ville apporterait la plus profonde perturbation à l'exercice d'une royauté spirituelle qui n'a d'autres limites que le monde, gênerait le libre jeu des institutions catholiques, jetterait l'inquiétude dans des millions de consciences, et produirait sur le globe entier un état de malaise moral qui réagirait sur l'ordre politique et sur les intérêts matériels des peuples! Je ne vois pas comment cette argumentation *a pari* pourrait être réfutée logiquement. Il est vrai que la logique a été comptée pour peu de chose dans toute la discussion italienne, et qu'on pourrait faire un volume des contradictions de toutes sortes qui n'ont cessé de s'y produire.

Je conclus, monsieur le Ministre, qu'il est impossible de conseiller au Saint-Père des sacrifices qui seraient la destruction formelle de sa souveraineté; et la chose me semble encore plus impraticable, si l'on examine, non plus seulement pour quel motif, mais en faveur de qui ces sacrifices seraient conseillés.

XVIII. Les théologiens qui ont traité des motifs pour lesquels le chef de l'Eglise pourrait, dans des nécessités majeures et par des considérations de très-haut poids, accéder à la sécularisation de certaines principautés ecclésiastiques (ils n'ont pas eu la témérité d'aborder le cas de la ville et du patrimoine apostolique), ont énuméré diverses conditions indispensables pour la licéité de cette opération; ils ont supposé, par exemple, que la transaction se ferait en faveur d'un prince orthodoxe, qu'elle ne compromettait pas les intérêts spirituels des sujets, qu'elle n'entraînait pas pour eux un régime onéreux et tyrannique, des corvées inusitées, des impôts immodérés, qu'elle ne devenait pas la ruine de leurs franchises, de leurs coutumes, de leurs intérêts matériels, qu'elle ne portait pas préjudice à des tiers, par exemple, à des princes voisins que le contre-coup pourrait atteindre, etc...; car, s'il en était ainsi, ils enseignent que la sécularisation, même requise par des considérations assez graves, ne pourrait pas être consentie par l'autorité ecclésiastique [1].

Ces principes étant admis, je laisse à Votre Excellence de juger s'il est possible aux catholiques de conseiller au Saint-Père, ainsi que vous les y exhortez si fort, la cession volontaire d'une partie quelconque de ses États en faveur du Piémont, usurpateur et spoliateur sacrilége des biens de l'Église, insulteur de la Papauté que les coryphées de l'idée italienne appellent un *chancre*, persécuteur des Evêques, propagateur des doctrines subversives de la religion et de l'ordre, etc... En présence d'un adversaire de ce genre, les consciences ne peuvent hésiter. Le programme formulé par M. de Cavour au congrès de Paris et dans les assemblées de Turin a eu du moins cet avantage d'être si net et si radical, qu'il ne pouvait se faire accepter d'aucun esprit chrétien tant soit peu éclairé.

De là cette unanimité si imposante de tout l'univers catholique; c'est par où je veux finir.

XIX. A propos de la mise en accusation de mon homélie du 30 juin et de l'interpellation du cardinal de Besançon sur les termes de la dépêche du 6 juillet qui qualifiait durement plusieurs prélats français, Votre Excellence n'a pas ménagé à ceux-ci les reproches d'ardeur, de violence, d'injustice, d'emportement, etc..., et elle a « fait appel à l'im-« mense majorité, à la presque unanimité de l'épiscopat et du clergé, « pour qu'elle désavoue hautement cette minorité imperceptible et com-« promettante, et qu'elle répudie ces écarts individuels que la malveil-« lance pourrait attribuer à tous [2]. »

Votre sévérité contre quelques-uns est gratuite, monsieur le Ministre; votre éloge des autres est offensant, et l'appel que vous avez adressé sera stérile.

Son Eminence le cardinal archevêque de Paris, répondant aux attaques de M. Piétri, a prononcé ces paroles dignes de remarque : « Beaucoup « d'observations, a-t-il dit, m'ont affligé profondément dans le discours « que vous venez d'entendre. Je veux seulement réclamer sur un point, « c'est sur cette espèce de catégorie établie entre les membres de l'épis-« copat français. Il m'a paru qu'on affectait d'introduire une distinction « entre certains prélats et leurs collègues. Ce que je veux dire bien haut, « selon mes convictions profondes et la connaissance que j'ai de ce qui

1. Domin. Soto, de justitiâ et jure. L. x, Q. iv. Art. 5.
2. *Moniteur* du 28 février 1862.

« se passe dans les rangs de l'épiscopat, c'est que l'épiscopat français « est unanime sur la question romaine, et que personne d'entre nous « n'a d'autre pensée, d'autres sentiments que ceux qui ont été noblement « exprimés dans cette enceinte, etc... [1]. »

Ces paroles, qui empruntent une grande valeur au caractère et à la position de celui qui les a proférées, auraient dû retenir sur les lèvres de Votre Excellence des affirmations réfutées et démenties d'avance. La vérité est que, sur la question italienne, tous les Evêques de France et tous les Evêques du monde (sauf un seul Evêque napolitain, dit-on), sans s'être entendus et concertés entre eux, ont pensé de la même manière et tenu un langage substantiellement identique. Les seuls dignitaires ecclésiastiques qui soient admis dans les corps politiques de la France ont été unanimes, malgré leur modération bien connue, pour repousser le vote si chaleureusement demandé par Votre Excellence; ils ont refusé un suffrage auquel le gouvernement attachait un grand prix, et dont il faisait dépendre en partie le succès de ses nouvelles représentations au Saint-Père. Le nombre des membres de l'épiscopat français qui, dans telle ou telle phase de la lutte engagée depuis trois ans, ont été englobés dans la prétendue *minorité imperceptible,* et ont reçu les mauvais compliments de la presse irréligieuse et des journaux officieux ou même officiels, est presque égal aux deux tiers de la totalité, et il s'enrichit tous les jours, à propos d'une occasion ou d'une autre, de quelque nom nouveau. Le reste est animé des mêmes sentiments; et, si tous ne s'expliquent pas hautement à propos de chaque nouvel incident, c'est précisément en vertu de cette solidarité qui lie tous les membres de notre corps les uns aux autres, et qui fait que chacun profite des actes d'autrui à la décharge de sa conscience et de sa responsabilité personnelle.

Vous parlez beaucoup, monsieur le Ministre, de *natures inquiètes*, *remuantes*, *emportées*, etc..... Il est vrai, les qualités naturelles sont diverses, les aptitudes d'esprit et les directions de conduite sont variées; les mouvements de l'Esprit de Dieu dans le cœur de ses apôtres sont *multiformes* comme la grâce qui les détermine [2]; les résolutions et le mode d'action de celui-ci peuvent n'être pas conformes au tempérament de celui-là. L'histoire religieuse et l'histoire profane nous montrent qu'il en a toujours été ainsi dans les grandes questions qui se sont agitées au sein de l'humanité. Il est des actes de courage qui sont hautement ad-

1. *Moniteur* du 22 février 1862. — 2. Multiformis gratia Dei. (I Petr. IV, 10.)

mirés et encouragés de ceux qui n'auraient pas eu la force ni la pensée personnelle de les accomplir ; il en est d'autres dont l'exécution doit rester à la charge de celui-là seul qui en a eu l'inspiration. Il ne serait pas bon que tous osassent ce qui est osé par quelques-uns, comme aussi il serait très-funeste que ce qui ne peut pas et ne doit pas être osé par tous ne fût pas osé par quelques-uns. Enfin, il peut arriver que des actes d'énergie très-opportuns et très-nécessaires, qui ont été le fruit de la prière et qui sont selon les vues de Dieu, ne soient pas appréciés de la même façon par tous; mais tous respectent l'intention, le principe, le mobile, et s'arrêtent devant la conviction consciencieuse de leur frère. Un pontife, qui est entouré d'une juste estime, s'en exprimait à peu près de la sorte dans une circonstance dont je dois, plus qu'un autre, garder la mémoire.

La hiérarchie ecclésiastique, c'est une armée, et, comme dit la sainte liturgie, une armée toujours placée en face de l'ennemi, une armée toujours rangée en bataille. Dans toute armée il y a des avant-postes, des sentinelles avancées; puis il y a le principal corps de bataille, et, enfin, il y a aussi la réserve, l'arrière-garde. Il appartient au commandant en chef de marquer à chacun son rang et son emploi, et chacun mérite un éloge égal s'il se conduit bravement au poste qu'il occupe. L'avant-garde aurait tort de se préférer aux autres bataillons; personne n'ignore que les troupes de réserve sont des troupes d'élite, et que la victoire est le plus souvent décidée par de derniers engagements. Cependant, la reconnaissance, les sympathies de toute l'armée sont acquises à ceux qui essuient le premier feu, à ceux qui donnent et qui reçoivent les premiers coups. Si les officiers qui ont le bénéfice d'une position moins périlleuse, si les corps qui sont plus abrités et plus protégés, s'avisaient de lancer à leurs frères, placés au front de l'armée, des reproches et des désaveux, et de les abandonner à l'ennemi, cet arrière-train qui livrerait ainsi les avant-postes mériterait d'être dégradé et exterminé.

Telle est l'Église en ce monde, monsieur le Ministre, et c'est pourquoi on la nomme militante. Son chef, c'est Dieu : *Dux autem eorum erat Deus*. C'est lui qui assigne les postes, dispose les lignes et détermine les mouvements. Il a ses manières propres pour commander, ses freins pour retenir et ses aiguillons pour pousser en avant; il a ses ordres généraux que tous entendent, et ses ordres particuliers qu'il sait faire arriver à chacun. Il use en maître de toutes les forces qu'il a créées; et comme il les dirige toutes à une même fin, qui est un triomphe prédit et immanquable, les anime d'un même esprit, qui est un esprit d'entente, de concours et d'union. Il n'y a donc pas de danger que, dans les guerres auxquelles le monde nous force, et spécialement dans celle d'aujourd'hui, ceux d'un rang et d'une arme désavouent ceux d'une autre arme et d'un rang différent. Si quelqu'un agissait ainsi, monsieur le Ministre, l'armée le dégraderait; et quand je dis l'armée, j'entends par là, non-seulement la hiérarchie ecclésiastique, mais les millions de chrétiens et d'hommes de cœur répandus sur tout le globe. Mais ce lâche, ce traître, vous ne le trouverez point dans les rangs de l'épiscopat français. Vous ne le trouverez pas davantage dans ceux du clergé du second ordre. Malgré des provocations perfides et des avances qui se croyaient habiles et sûres de leur effet, on peut à peine alléguer quelques défections qui ne prouvent que contre ceux qui sont réduits à les exploiter. Mes collègues peuvent le dire comme moi, les marques d'encouragement leur sont venues de tous les rangs de la milice sainte, de tous les étages de la société chrétienne.

Non, monsieur le Ministre, l'épiscopat n'est point divisé. A cette heure, au contraire, le symptôme le plus rassurant de la situation, c'est une identité de vues, une conformité de convictions, une unanimité d'appréciations et de conduite que les imperfections et les défaillances de l'humanité ont rendues rares dans l'histoire. Là est notre grand motif d'espérance; et, quoi qu'il arrive, là est l'immortel honneur de notre génération sacerdotale.

XX. Cet écrit a pris de bien longues dimensions, monsieur le Ministre; je ne puis regretter le temps que j'y ai consacré en disputant à mes travaux et à mes déplacements quotidiens les heures malheureusement trop éparpillées dont j'ai pu disposer depuis la clôture de la discussion. Attaqué personnellement, c'était mon droit de me défendre; cependant, je n'eusse point usé de ce droit si ma personne seule eût été en cause. De plus hauts intérêts m'ont déterminé à descendre dans la lice. J'espère n'y avoir employé que des armes permises, je dirai même que des armes courtoises; et je me persuade qu'eu égard aux violences de l'agression, je n'ai point excédé les bornes de la légitime défense.

Votre Excellence a terminé son discours en disant que, « dans cette « question de Rome, le gouvernement écoute volontiers les raisons; « mais que, quant aux violences, il est de taille à y résister, et qu'elles ne « serviraient à rien qu'à aggraver les difficultés au lieu de les résoudre. »

Dans un discours précédent, Votre Excellence avait déjà dit : « Le « gouvernement fera tout pour satisfaire les désirs, les tendances des « esprits religieux. Mais si l'on touche à la plus petite partie de la cou- « ronne qui représente le pouvoir temporel, il la défendra énergique- « ment. » Ces dernières paroles ont obtenu un assentiment chaleureux et une promesse d'appui de M. le procureur général Dupin, qui s'est montré jaloux d'en rectifier le lendemain le texte littéral et authentique [1].

Plaise à Dieu, monsieur le Ministre, que le gouvernement n'ait jamais à lutter contre d'autres violences que les nôtres ! Plaise à Dieu que la puissance temporelle et la couronne qui en est le symbole ne reçoivent jamais d'autres atteintes plus graves !

Mais qu'il me soit permis de dire ce dernier mot. Le Saint-Père aussi porte sur son front une couronne temporelle, une couronne qui est le symbole le plus auguste et la consécration la plus haute de la puissance royale. Chaque fois que l'on a voulu toucher à la plus petite partie de cette couronne, et de tout ce qu'elle représente, la France des anciens siècles ne l'a pas souffert.

Dites nettement que la France actuelle ne le souffrira pas encore, et tout sera fini.

Dites que « la souveraineté temporelle du chef vénérable de l'Eglise « est intimement liée à l'éclat du catholicisme, comme à la liberté et à « l'indépendance de l'Italie [2]. »

Dites que « le prince qui, après les mauvais jours de 1848, a ramené « le Saint-Père au Vatican, veut que le chef de l'Eglise soit maintenu « dans tous ses droits de souverain temporel [3]. »

Dites que ces paroles sont sacrées, qu'elles sont et qu'elles doivent être des vérités, et que celui qui les a proférées n'entend pas qu'on s'abrite derrière les victoires de la France pour leur donner un démenti.

Le jour où vous serez autorisé à parler ainsi, monsieur le Ministre, sera un jour de triomphe sans pareil pour votre éloquence ; votre discours sera salué par une triple salve d'applaudissements qui, cette fois, de l'enceinte du Sénat et du Corps législatif, se répétera au dehors, et fera le tour de la France et le tour du monde. Aux démonstrations de joie, aux acclamations de gratitude qui éclateront de toutes parts, le gou-

1. *Moniteur* du 26 et du 27 février 1862.
2. Lettre du prince Louis-Napoléon au Nonce du Saint-Siége à Paris, 1848.
3. Lettre du Ministre des cultes aux Évêques français, 4 mai 1859.

vernement impérial reconnaîtra si les plaintes et les représentations des catholiques et de tous les vrais conservateurs avaient été dictées par l'esprit de parti, si la passion, la cabale, le besoin d'opposition avaient été pour quelque chose dans leurs résistances.

Mais, si les principes au nom desquels la puissance temporelle du chef de l'Eglise est attaquée en ce moment viennent à prévaloir, bientôt des tempêtes se déchaîneront auxquelles nulle puissance humaine ne pourrait sans forfanterie déclarer qu'elle est de taille à résister.

Oui, monsieur le Ministre, que le Piémont achève son œuvre, et la couronne que vous jurez de défendre énergiquement contre ceux qui violeraient le moindre de ses priviléges, aura perdu, comme toutes les autres couronnes terrestres, sa dernière force et son dernier prestige. Le génie du mal aura remporté un des avantages les plus décisifs qui lui soient réservés avant la fin des temps. La révolution aura vaincu, dans son meilleur retranchement et dans son plus ferme rempart, le principe de la royauté et de la souveraineté. La *couronne*, là où le nom en subsistera, pourra représenter encore la force, elle ne représentera plus le droit.

Votre Excellence ne trouvera pas mauvais que je me réserve la faculté de donner à cette lettre la notoriété dont elle est susceptible. Je n'ai à ma disposition ni la tribune du Sénat, ni les colonnes du *Moniteur* et celles des milliers de feuilles qui portent la parole humaine sur tous les points du monde. Sans rechercher ni désirer pour cet écrit une publicité aussi retentissante, je n'atteindrais pas toute la fin que j'ai dû me proposer, si je renonçais à sa publication. Mon apologie ne sera une atteinte aux droits de personne, elle sera une satisfaction pour les amis de la cause religieuse.

Je veux espérer, monsieur le Ministre, que vous m'accuserez réception de cette lettre, et je vous prie d'agréer l'assurance de la haute considération avec laquelle j'ai l'honneur d'être,

De Votre Excellence,

Le très-humble et très-obéissant serviteur,

† **LOUIS-ÉDOUARD**, Évêque de Poitiers.

www.ingramcontent.com/pod-product-compliance
Ingram Content Group UK Ltd.
Pitfield, Milton Keynes, MK11 3LW, UK
UKHW020451230726
13925UKWH00005B/1875

9 782019 179144